MANUEL ÉLÉMENTAIRE

DE

DROIT CIVIL

PARIS. TYP. DE E. PLON, NOURRIT ET Cⁱᵉ, 8, RUE GARANCIÈRE. — 906.

MANUEL ÉLÉMENTAIRE

DE

DROIT CIVIL

PAR

E. COLMET DE SANTERRE

DOYEN DE LA FACULTÉ DE DROIT DE PARIS

TOME PREMIER

MATIÈRES DU PREMIER EXAMEN

Programme nouveau

Troisième Édition, mise au courant de la législation

PARIS

LIBRAIRIE PLON

E. PLON, NOURRIT ET Cᵢₑ, IMPRIMEURS-ÉDITEURS

RUE GARANCIÈRE, 10

1895

Tous droits réservés

PRÉFACE

Nos pères appelaient RUDIMENT un abrégé de grammaire. C'était un exposé des principes, brièvement, clairement et simplement écrit; les exemples y abondaient, et les dissertations en étaient proscrites. Il initiait les commençants aux notions premières; il guidait les autres à travers les difficultés d'une étude approfondie; à tous il servait de mémento. L'auteur du présent Manuel a essayé de faire un RUDIMENT DU DROIT CIVIL FRANÇAIS.

ARRÊTÉ

DU 24 JUILLET 1895

SUR LA RÉPARTITION DES MATIÈRES DU DROIT CIVIL ENTRE LES EXAMENS DES TROIS ANNÉES DE LA LICENCE

ARTICLE PREMIER.

Les dispositions du Code civil concernant la nationalité et la condition des étrangers en France sont détachées de l'enseignement du droit civil et comprises dans l'enseignement du droit international privé.

ART. 2.

Les matières du droit civil sont réparties entre les examens de trois années de la licence de la manière suivante :

1re année. — Code civil. Titre préliminaire. — Livre Ier, titres II, III, IV, chap. i et ii, et les autres textes se rattachant à la théorie générale de l'état et de la capacité des personnes. — Livre II en entier. — Livre III, dispositions générales; art. 1138 à 1141, art. 939 à 942, en y rattachant la loi du 23 mars 1855, art. 1 à 3. — Titre XX, pour les textes relatifs à la prescription acquisitive.

INTRODUCTION

Du Droit en général.

Le **Droit** est l'ensemble des lois qui régissent les actions de l'homme.

En deux mots, l'ensemble des *lois*.

Car, dans un sens élevé, une loi est une règle d'action.

C'est une conséquence de la liberté humaine que les actions de l'homme sont soumises à des règles ; l'homme vit en société, et il ne faut pas que la liberté de l'un détruise la liberté de l'autre. Le Droit a précisément pour but de fixer la sphère d'activité de chaque liberté.

La loi ne saurait être une règle si l'homme se l'imposait à lui-même ; elle n'existe donc qu'autant qu'elle émane d'une autorité supérieure ayant promulgué le principe et le faisant respecter.

Cette autorité est *divine* ou *humaine*.

L'autorité divine nous a imposé des lois, base de la morale universelle. Car Dieu, en créant l'homme, a fait de quelques grands principes sur les relations d'homme à homme comme les éléments constitutifs et essentiels de la raison humaine.

Sur cette base, des lois morales sont appuyées toutes les lois humaines.

Dans chaque pays une autorité fait des lois ; c'est le *pouvoir législatif*.

Les législateurs humains ne se sont pas approprié toutes les règles morales ; celles qu'ils n'ont pas reproduites constituent le domaine de la morale proprement dite, elles ne sont pas sanctionnées par une contrainte légale ; leur sanction est dans la conscience de chacun et particulièrement dans la croyance aux récompenses et aux peines de la vie future.

Exemples d'une règle de morale non sanctionnée par le législateur : obligation de faire du bien à son semblable, de le secourir dans le danger.

Observation. Le mot Droit est pris dans d'autres sens.

1° Faculté légale, prérogative garantie par la loi.

Exemples. Droit de propriété, de créance, de puissance paternelle.

2° Science du Droit, connaissance des règles qui régissent les actions des hommes.

Les Romains disaient *jurisprudentia* (*prudentia juris*).

Mais nous avons détourné le sens du mot *juris-prudence*. Il désigne aujourd'hui la doctrine qui résulte de l'ensemble des décisions judiciaires sur les points de Droit que la législation a laissés obs-curs.

Principales divisions du Droit.

I. DROIT NATUREL. — DROIT POSITIF.

Droit naturel. Ensemble des principes premiers qui dérivent nécessairement de la raison humaine, et qui, par conséquent, n'ont pas leur origine dans la volonté d'un législateur humain.

Exemples. Règles imposant le respect de la vie et de la personne d'autrui, ou créant pour les enfants l'obligation de respecter leurs parents.

A ces principes il faut en rattacher d'autres, qui en sont la conséquence immédiate ; ils résultent des nécessités de la vie sociale ; sans eux il est impossible de concevoir le groupement des hommes en sociétés ; ils sont observés par tous les peuples.

Exemples. Règles sur la protection des incapables ; sur la propriété ; sur les principaux contrats (échange, vente, prêt).

Ces dernières règles constituent le droit naturel *secondaire.*

Droit positif. Ensemble des règles établies par une autorité humaine, par le pouvoir législatif.

Parmi ces règles, il en est un grand nombre qui dérivent du droit naturel et que le droit positif s'est appropriées pour les sanctionner et les développer.

Exemples. Règles sur la puissance paternelle; sur la propriété.

II. DROIT PUBLIC. — DROIT PRIVÉ.

Droit public. Celui qui concerne l'organisation et le fonctionnement des pouvoirs publics (*quod ad statum reipublicæ pertinet*), et qui régit les rapports de l'État avec les particuliers.

Le Droit public se subdivise en :

Droit constitutionnel (organisation des pouvoirs),

Droit administratif (droits et devoirs du pouvoir exécutif dans ses rapports avec l'intérêt individuel ou local),

Droit pénal et instruction criminelle.

Le droit public comprend encore le *droit des gens* ou *droit international public,* qui régit les rapports des nations entre elles (rapports de nation à nation).

Exemples. Droits de la guerre, traités.

Droit privé. Droit qui régit les rapports des particuliers entre eux.

On l'appelle improprement *droit civil,* mais cette expression a le défaut d'avoir des sens divers, selon qu'on l'oppose, par exemple, aux mots criminel, commercial, canonique, etc.

Le droit civil ou privé se subdivise en :

Droit civil proprement dit,

Droit commercial,

Droit international privé (rapports privés de personnes appartenant à des nations différentes).

Droit de la procédure civile. Mais ce droit tient par un côté au droit public, parce qu'il impose certaines règles aux fonctionnaires qui rendent la justice.

Sources du Droit positif français.

L'ancienne France était régie par des actes de l'autorité royale, appelés particulièrement *ordonnances.*

Certaines provinces, dans le Midi, appelées pays du Droit écrit, suivaient le droit romain quelque peu modifié par la jurisprudence des Parlements.

D'autres étaient soumises aux coutumes locales, conservées d'abord par la tradition, mais rédigées sous forme de lois, surtout aux quinzième et seizième siècles, en vertu d'ordres de l'autorité royale. Ces coutumes, fort nombreuses, applicables chacune sur un territoire limité, par exemple une province, créaient une grande diversité de législation sur le sol de la France.

Depuis 1789, les pouvoirs publics ont voulu l'unité de législation et sont parvenus à la réaliser. Depuis cette époque, les lois, applicables à toute la France, ont toujours été faites par des Assemblées délibérantes, avec ou sans la participation du pouvoir exécutif, selon les diverses constitutions qui se sont succédé.

Nous dirons en expliquant l'article 1er du Code civil comment sont faites aujourd'hui les lois en vertu des lois constitutionnelles de 1875.

A côté des lois, il faut placer, comme sources de droit, des actes du pouvoir exécutif (ordonnances royales, décrets), qui ont pour but d'assurer l'exécution des lois en réglementant des points de détail que la loi elle-même, qui pose des principes, a dû négliger.

Le pouvoir exécutif, qui fait ces actes, agit en vertu d'une délégation expresse ou tacite du pouvoir législatif.

Observation. A certaines époques, le jeu régulier des pouvoirs ayant été suspendu par des événements de force majeure, le gouvernement a promulgué des décrets, qui sont de vraies lois, parce qu'ils modifient des lois préexistantes, et la force de loi est restée attachée à ces décrets par l'assentiment du pouvoir législatif organisé postérieurement. Tels sont les décrets du gouvernement provisoire de 1848, du président de la République après le coup d'État du 2 décembre 1851, et du gouvernement de la Défense nationale en 1870 et 1871.

Les lois les plus importantes sont les Codes, et parmi eux le Code civil.

Code civil.

C'est le Code du droit privé, le Code de la famille et de la propriété; il traite particulièrement des personnes, des biens, de la propriété et des contrats.

Il a été voté et promulgué sous le Consulat, dans les années 1803 et 1804.

Le premier travail de rédaction, sous forme de projet, a été fait par quatre commissaires nommés par arrêté consulaire du 12 août 1800 : Tronchet, Portalis, Bigot-Préameneu et Malleville.

Après avoir été soumis aux observations du tribunal de cassation et des tribunaux d'appel, le projet a dû être converti en loi, suivant les règles de la constitution alors en vigueur.

C'était la constitution du 22 frimaire an VIII.

D'après cette constitution, la loi émanait de l'initiative du gouvernement.

Elle était : 1° préparée par le *Conseil d'État;*

2° Soumise au *Tribunat,* qui n'avait pas le droit de la voter, mais qui la discutait pour émettre un vœu d'adoption ou de rejet;

3° Votée par le *Corps législatif* après une discussion entre des orateurs du Conseil d'État et des orateurs du Tribunat, à laquelle les membres du Corps législatif ne pouvaient pas prendre part.

Après le vote du Corps législatif, le projet était devenu une loi, mais cette loi n'était définitive et ne pouvait être promulguée qu'après un délai de dix jours, pendant lequel le Tribunat avait le droit de l'attaquer devant le *Sénat conservateur* pour cause d'*inconstitutionnalité.*

Les diverses lois qui composent le Code civil ont successivement subi toutes ces épreuves, qui ont même été un peu compliquées afin de supprimer les chances de désaccord entre le Conseil d'État et le Tribunat.

Pendant la période de préparation du projet au Conseil d'État, on a communiqué le premier travail de la section de législation de ce Conseil au Tribunat, qui faisait ses observations, dont il a été souvent tenu compte dans la rédaction définitive du projet. De cette communication qu'on a appelée *officieuse* (par opposition à *officielle*), est résultée une entente entre les deux corps. Le Tribunat n'a jamais émis que des vœux d'adoption, et ses orateurs ont toujours parlé devant le Corps législatif dans le même sens que ceux du Conseil d'État.

Chacun des *titres* du Code civil a été voté séparément et est devenu exécutoire, comme loi distincte, à mesure qu'il était voté et promulgué. Toutes ces lois spéciales ont été réunies en un seul corps par la loi du 30 ventôse an XII, sous le nom de *Code civil des Français,* et en vertu de cette même loi, les lois et coutumes anciennes régissant les matières réglées par le Code ont été déclarées abrogées.

Lois civiles postérieures au Code.

Tout le droit civil n'est pas dans le Code civil. De nombreuses lois l'ont plus ou moins modifié, et il est indispensable de les étudier, puisqu'elles constituent le droit en vigueur.

Les principales de ces lois parmi celles qui intéressent le premier et le deuxième livre du Code sont :

1° Loi du 31 mai 1854 abolissant la mort civile;

2° Loi du 8 mai 1816 abolissant le divorce; loi du 27 juillet 1884 rétablissant le divorce, et loi du 18 avril 1886 sur la procédure de divorce;

3° Loi du 24 juillet 1889 sur la protection des enfants maltraités ou moralement abandonnés;

4° Loi du 27 février 1880 sur les droits mobiliers appartenant à des mineurs;

5° Loi du 30 juin 1838 sur les aliénés;

6° Loi du 29 avril 1845 et du 11 juillet 1847 sur les irrigations, et lois des 4 avril et 9 juillet 1889 sur le Code rural;

7° Loi du 8 juin 1893 sur les actes de l'état civil.

CODE CIVIL

TITRE PRÉLIMINAIRE

DES LOIS, DE LEUR PROMULGATION ET DE LEUR APPLICATION

Les lois sont faites aujourd'hui, d'après les lois constitutionnelles de 1875, par la Chambre des députés et le Sénat. Quand elles sont votées par ces assemblées, elles doivent être promulguées par le Président de la République dans le délai d'un mois (et de trois jours seulement pour les lois votées d'urgence par les Chambres).

Le Président n'a pas le droit de *sanction,* c'est-à-dire que les lois sont parfaites sans son approbation, mais il peut demander (dans le délai d'un mois) une nouvelle délibération.

La *promulgation* est l'acte du Président de la République qui enjoint aux particuliers d'observer une loi et aux agents de l'autorité de la faire exécuter.

Aux termes du Code civil (art. 1er), la loi est exécutoire depuis le jour où sa promulgation est répu tée connue.

La promulgation est faite (d'après **un décret de novembre 1870**) par l'insertion de la loi au *Journal officiel,* et elle est réputée connue : 1° à Paris, un *jour franc* après cette insertion.

Un jour franc, c'est une journée entière depuis minuit jusqu'à minuit; donc la loi promulguée le 1ᵉʳ est exécutoire à Paris le 3, parce qu'il faut que toute la journée du 2 se soit écoulée.

2° Dans les départements — un jour franc dans *chaque arrondissement,* après l'arrivée du *Journal officiel* au chef-lieu d'arrondissement.

Le Code civil a admis un autre système, la promulgation est faite par l'insertion au Bulletin des lois. (Ordonnance royale de 1816.)

La loi est exécutoire à Paris un jour franc après la publication du Bulletin;

Et dans les départements, dans *chaque département,* après ce même jour franc, plus un jour par dix myriamètres de distance entre Paris et le *chef-lieu du département.*

Ces règles *ne sont pas abrogées.* Le gouvernement peut encore faire la promulgation dans le Bulletin des lois, et alors les délais sont calculés d'après le Code civil.

Effets des lois quant aux temps et aux lieux et aux personnes qu'elles régissent.

Art. 2 et 3.

Non-rétroactivité des lois. L'article 2 pose un principe capital en fait d'application des lois. Elles régissent l'avenir et non le passé. Si elles s'appliquaient au passé, elles rétroagiraient.

La non-rétroactivité des lois est une règle qui n'a pas le caractère constitutionnel et qui, par conséquent, peut être transgressée par le législateur lorsqu'il statue expressément sur ce point; mais en dehors de ce cas spécial les tribunaux doivent respecter la règle de l'article 2.

Exemple de non-rétroactivité. Une loi promulguée en juillet 1895 frappe d'une peine un fait qui n'en était pas puni jusque-là. Les tribunaux ne peuvent pas, en août 1895, condamner une personne qui aurait commis, en juin 1895, le fait devenu punissable au jour du jugement.

L'application d'une peine à un fait qui était licite quand il a été commis constituerait une véritable iniquité.

Le principe s'appliquerait de même au cas où une

loi nouvelle aggraverait la pénalité qui frappait le fait au moment où il a été commis.

Application de la règle en matière de droit civil. La loi nouvelle n'enlève pas les droits acquis.

Exemples. —Une loi reporte à 20 ans l'âge requis pour contracter mariage (aujourd'hui 18 ans pour les hommes).

Elle ne doit pas rendre nuls les mariages contractés entre 18 et 20 ans, avant sa promulgation.

Une loi qui prohiberait les donations entre-vifs, n'annulerait pas les donations antérieures à sa promulgation, le donataire devenu propriétaire ayant certainement un droit acquis.

Aux *droits acquis* il faut opposer les *attentes* et les *espérances* qui peuvent être frappées par un changement de législation.

Exemples. — La loi supprime le droit de succession d'une certaine classe de parents (par exemple les collatéraux). Dans toutes les successions ouvertes postérieurement à la loi nouvelle, les collatéraux sont exclus, car les héritiers présomptifs n'ont pas de droits acquis tant que la succession n'est pas ouverte; ils peuvent être dépouillés de leur droit présomptif par divers événements, par exemple, par leur propre mort.

Au contraire, des parents qui ont recueilli une succession avant la loi nouvelle, ne peuvent pas souffrir de l'application de cette loi, car ils n'ont plus une attente; ils ont une réalité, un droit acquis.

Observation. — En matière de capacité, l'application de la règle demande une distinction.

Exemple. — Une personne de 22 ans, majeure par conséquent depuis un an, peut perdre cette qualité de majeure par une loi qui reculerait la majorité jusqu'à 25 ans. La capacité, en effet, ne constitue pas un véritable droit; elle confère une aptitude à faire des actes qu'on ne fera peut-être pas.

Mais si ce majeur, retombé en minorité, a fait des actes pendant sa majorité, ces actes ne deviendraient pas nuls, parce qu'ils ont créé des droits au profit des personnes qui ont contracté avec lui et également à son profit. Nous ne sommes plus sur le terrain des éventualités; nous sommes en présence de droits acquis.

Quelles personnes sont régies par les lois françaises?

Certaines lois obligent tous ceux *qui se trouvent* sur le territoire français; ce sont les lois de police et de sûreté destinées à assurer le bon ordre dans le pays et aussi la sécurité des personnes et de leurs biens.

Exemples. — Lois qui défendent le meurtre et le vol ou l'incendie.

Quelle que soit la nationalité de la victime ou de

l'auteur du fait, les tribunaux français doivent punir le coupable à raison de l'atteinte portée à l'ordre social.

Le motif de cette disposition de l'article 3 impliquant que son texte doit être entendu avec une certaine largeur, elle ne doit pas s'appliquer seulement à ceux qui *habitent* sur le territoire ; elle comprend certainement tous ceux qui s'y *trouvent*, ceux même qui *passent* sur le sol français.

Sur le terrain du droit civil, les étrangers ne sont pas assimilés aux nationaux quand il s'agit de lois concernant leur personne civile ; elles ne leur sont pas applicables.

Ces lois sont celles qui concernent leur état et leur capacité (leur ensemble forme ce qu'on appelle le **statut personnel**).

Exemples. — Règles sur le mariage, la puissance paternelle, le divorce, la majorité et la minorité. Les divergences entre ces diverses lois constituent le caractère spécial de la nationalité, et le Code civil consacre cette solution en établissant que le Français, résidant en pays étranger, est régi par la loi française quant à son état et sa capacité.

Il n'en est pas de même des lois concernant les biens, **statut réel.** L'article 3, 2ᵉ alin., soumet à la loi française les immeubles, même ceux possédés par des étrangers.

Les immeubles sont le sol même du pays et les constructions faisant partie de ce sol. La loi ne peut pas admettre que ce sol soit régi par une législation qui s'inspirerait d'idées politiques ou économiques peut-être contraires aux intérêts de la France. Les étrangers, en acquérant des immeubles en France, ont accepté cette règle de l'article 3.

Le Code n'a pas parlé des meubles appartenant aux étrangers et situés en France. Il y a sur ce point des distinctions à faire : certainement, l'acquisition en France des meubles nécessaires à la vie sera régie par la loi française ; mais, s'il s'agit d'acquérir à titre d'héritier un ensemble de meubles, il existe des doutes sérieux sur la loi qui devra régir cette succession.

Application de la loi par les tribunaux.
Art. 4, 5, 6.

1° Le juge saisi d'une contestation doit aux parties une décision ; s'il terminait le procès en alléguant la difficulté de statuer, l'absence de loi sur le point en litige, ou l'obscurité de la loi existante, il manquerait à son devoir et commettrait un délit prévu par le Code pénal, le *déni de justice*.

Pour juger en l'absence d'un texte formel, le juge

doit procéder par voie de raisonnement, cherchant les analogies du cas imprévu avec les cas prévus, s'appuyant sur le droit ancien, sur les travaux préparatoires de la législation en vigueur, et, enfin, donnant gain de cause au défendeur, parce qu'il est raisonnable que le demandeur fasse la preuve de sa prétention, et qu'il ne fait pas cette preuve quand il ne parvient pas à convaincre le juge qu'il a la loi pour lui.

2° Le juge doit aux parties un jugement ; mais il lui est interdit d'aller plus loin, c'est-à-dire de poser des principes pour l'avenir, qu'il appliquerait dans tous les cas semblables à celui qu'il vient de juger. Il empiéterait sur le législateur. Les anciens parlements s'étaient attribué le pouvoir de poser des principes sur certaines matières qu'ils appliquaient plus tard quand les difficultés se présentaient. Ces décisions, qu'on appelait *arrêts de règlement,* sont absolument interdites à la magistrature moderne par l'article 5 du Code civil.

3° Parmi les devoirs du juge, le Code indique celui de ne pas tenir compte des actes de la volonté émanés des justiciables, quand ils dérogent aux lois qui intéressent l'ordre public et les bonnes mœurs.

Exemples. — Actes contraires à l'ordre public : Convention engageant une personne à commettre un crime ou un délit; renonciation aux droits de puissance paternelle.

Actes contraires aux bonnes mœurs, c'est-à-dire à la morale, mais qui ne sont pas frappés de peine par les lois : actes encourageant la débauche et l'ivresse.

Observation. — L'article caractérise les actes défendus par le mot *convention* (accord de deux personnes), il s'appliquerait cependant aussi aux actes émanés d'une personne seule et qui produisent des effets juridiques, comme les renonciations à des droits ou les dispositions testamentaires.

LIVRE PREMIER

DES PERSONNES

Personne. — Homme considéré dans ses rapports avec les autres hommes, comme ayant des *droits* et des *devoirs*.

Personnes civiles ou morales. — Êtres abstraits, créés par la loi, n'ayant pas d'existence physique, mais reconnus capables de droits et de devoirs :

État ;

Communes ;

Départements ;

Hospices ;

Établissements **publics**.

JOUISSANCE ET PRIVATION
DES DROITS CIVILS.

Ne pas confondre la jouissance d'un droit et son exercice.

Jouissance. — Attribution d'un droit; jouir d'un droit, c'est l'avoir.

Exercice. — Mise en œuvre du droit, fait d'user du droit, de le faire valoir par soi-même.

Le mineur *jouit* des droits, il ne les *exerce* pas.

Droits civils. — Deux sens : 1° Opposé à droits publics, signifie *droits privés;*

2° Opposé à droits des gens, signifie *droits propres aux Français.*

Le Code prend ce mot dans les deux sens : Dans le premier sens, v. art. 7 qui fait une antithèse entre les droits civils et les droits politiques.

Droits politiques.

Vote ;

Éligibilité;

Aptitude aux emplois publics;

Droit d'être témoin dans les actes notariés;

Droit de faire partie du jury.

Les lois constitutionnelles auxquelles renvoie l'article 7, sont les lois de février et juillet 1875.

Des conditions spéciales pour un grand nombre de droits politiques sont exigées par des lois de 1871, 1872, 1875.

Pour les *droits civils,* c'est la qualité de Français qui est intéressante (art. 8).

Droits *civils* ou *privés :*

Propriété;

Créance;

Droits de famille.

Quant à ces droits, les Français sont mieux traités que les étrangers, car ils ont la plénitude des droits civils ou privés, tandis qu'il y a un certain nombre de ces droits qui n'appartiennent pas en principe aux étrangers (art. 11).

PRIVATION DES DROITS CIVILS PAR SUITE DE CONDAMNATIONS JUDICIAIRES.

Art. 22-33.

La privation plus ou moins considérable des droits est un châtiment, par conséquent les condamnations pénales peuvent avoir pour résultat des incapacités civiles.

Ces incapacités sont, en général, attachées comme *accessoires* à des *peines principales*.

Ces incapacités sont :

1° Déchéance de certains droits civils et civiques, facultative en matière correctionnelle. (Art. 42. P.)

2° La dégradation civique, — peine criminelle. (Art. 34. P.)

Ordinairement *accessoire,* quelquefois *principale.*

3° L'interdiction légale. Toujours accessoire de certaines peines criminelles. (Art. 29. P.)

Elle assimile le condamné à un interdit pour cause de folie; il ne peut exercer ses droits par lui-même; il a un tuteur. Il ne peut donc pas administrer ses biens, toucher ses revenus, de sorte qu'il ne peut pas adoucir le régime du lieu où il subit sa peine, ni se procurer à prix d'argent les moyens de s'évader.

D'après le Code civil combiné avec le Code pénal :

La dégradation civique et l'interdiction légale

étaient la conséquence de toutes les condamnations à des peines afflictives et infamantes temporaires :

Travaux forcés à temps ;

Détention ;

Réclusion.

En outre, la dégradation civique, seule, résultait du bannissement.

Pour les condamnations plus graves, à des peines afflictives et infamantes perpétuelles :

Mort ;

Travaux forcés à perpétuité ;

Déportation,

Elles entraînaient la *mort civile.*

On entendait par *mort civile* la privation d'un grand nombre de droits énumérés par le Code civil (art. 25).

Le *mort civilement* perdait la propriété de ses biens, et sa *succession était ouverte* au profit de ses héritiers.

Il ne pouvait ni *faire* ni *avoir* un testament.

Il ne pouvait *acquérir ni par succession ni par donation.*

S'il *acquérait des biens* par son travail ou ses économies *depuis la mort civile,* il ne pouvait ni les *donner ni les léguer,* et ils *passaient à l'État* lors de sa mort naturelle.

Il ne pouvait être *tuteur.*

Il ne pouvait pas se *marier*.

S'il était marié, *son mariage était dissous*, et son conjoint pouvait contracter une autre union.

Les enfants qu'il aurait eus de son conjoint depuis cette dissolution eussent été illégitimes.

Il n'avait pas cependant perdu tous les droits; il fallait bien qu'il pût vivre, puisqu'il n'était pas mort naturellement. Il pouvait travailler, devenir propriétaire de son salaire, l'économiser, faire le commerce, acquérir des biens avec les bénéfices de son travail et de son commerce. Il conservait tous les droits nécessaires au soutien de sa vie naturelle. Ainsi l'assimilation du mort civilement avec le véritable mort n'était pas complète.

Mort civile abolie par la loi du 31 mai 1854. *Objections graves :* Elle était injuste quand elle privait du droit de succéder, car la peine retombait indirectement sur les enfants innocents;

Immorale, quand elle dissolvait le mariage.

En abolissant la mort civile, on a *assimilé* les condamnations perpétuelles aux condamnations temporaires en ce qui touche la *dégradation civique* et *l'interdiction légale* (art. 2, loi de 1854).

Puis pour conserver une différence entre les deux classes de condamnation, on a ajouté quelques déchéances spéciales dans les cas de condamnation perpétuelle (art. 3).

Incapacité de donner entre-vifs ou par testament;

De recevoir par les mêmes actes (sauf pour cause d'aliments);

D'avoir un testament (même fait avant la condamnation).

Ces déchéances frappent le condamné du jour de la condamnation devenue définitive, quand la condamnation est contradictoire, c'est-à-dire rendue contre un accusé présent (P. art. 28).

Quand la condamnation est *par contumace,* c'est-à-dire contre un accusé absent qui s'est soustrait aux poursuites de la justice (*contumacia,* désobéissance), Les déchéances de l'article 3 ne le frappent que cinq ans après l'exécution par effigie (exécution par voie d'affiches) de la condamnation. Ceci est un vestige des règles sur la mort civile. (Art. 37 C. C.) Les conséquences irréparables de la mort civile, notamment en ce qui concerne l'ouverture de la succession et la dissolution du mariage, avaient effrayé le législateur, qui n'avait pas osé les faire produire immédiatement par une condamnation *révocable.*

En effet, toute condamnation par contumace est révocable; elle n'est que provisoire. Quand la justice se saisit du condamné, la condamnation est anéantie de plein droit, et il faut recommencer le procès *contradictoirement*. L'accusé sera peut-être acquitté ou condamné à une peine moins grave. On avait donc pensé qu'il fallait laisser du temps au condamné pour se représenter avant de le frapper de mort civile ; on avait fixé ce temps à cinq ans. La loi de 1854 a conservé cette règle en ce qui touche les déchéances qui sont le dernier reste de la mort civile.

Observation. — La condamnation par contumace est exposée à être annulée par la représentation du condamné pendant vingt ans ; mais après ce délai la peine est *prescrite*, le condamné ne peut plus être exécuté ou subir les travaux forcés, il est libre ; seulement il reste soumis aux déchéances qui l'ont frappé en vertu de la loi de 1854, depuis l'expiration du délai de cinq ans, et à la dégradation civique depuis l'époque de l'exécution par effigie. (Art. 28. P.)

ACTES DE L'ÉTAT CIVIL

État civil. — Situation d'une personne dans la société et dans la famille.

Acte, deux sens :

1° Fait, événement — *quod actum est ;*

2° Écrit dressé pour constater un fait — *instrumentum.*

Dans le premier sens, les actes de l'état civil sont les événements intéressant l'état civil :

Ils le créent — *naissance ;*

Le modifient — *mariage ;*

Le détruisent — *décès.*

Autres événements intéressant l'état civil :

Reconnaissance ;

Adoption ;

Divorce ;

Mort civile (abolie).

Dans le deuxième sens, les actes de l'état civil sont les écrits ou procès-verbaux dressés pour constater ces différents événements.

Le titre II s'occupe seulement de ces écrits, et il ne traite que des trois principaux :

2.

Naissance ;

Mariage ;

Décès.

RÈGLES GÉNÉRALES SUR CES TROIS ACTES.
Art. **34-54.**

I. **Rédaction des actes.** — Trois classes de personnes y jouent un rôle :

1° *Officier public ;*

2° *Parties comparantes ;*

3° *Témoins.*

Officiers publics. — Autrefois *clergé ;* il a perdu cette attribution en 1792.

Aujourd'hui *officiers de l'état civil.* Ces fonctions sont annexées à celles de maires et d'adjoints (28 pluviôse an VIII), mais les fonctions sont distinctes. — Comme maire, l'officier est administrateur ; comme officier de l'état civil, il appartient à l'ordre judiciaire.

L'officier de l'état civil est le *rédacteur* des actes ; il constate les déclarations qui lui sont faites et certains faits qui se passent sous ses yeux.

Détails (lire art. 34, 35).

Comparants, personnes qui *comparaissent.* — Personnes qui viennent faire des déclarations que l'officier constate.

Exemples :

Père déclarant la naissance de son enfant ;

Homme et femme déclarant qu'ils se prennent mutuellement pour mari et femme.

Témoins. — Personnes qui assistent à la rédaction de l'acte, pour augmenter les garanties de sincérité qu'offre déjà le caractère de l'officier public.

Ils ne garantissent pas, du reste, la vérité des déclarations ; par exemple, la maternité de la femme à qui le déclarant attribue un enfant.

Seulement, s'ils savaient que la déclaration est fausse, ils deviendraient complices du crime commis par le déclarant.

Qualités que doivent avoir les témoins. Voir art. 37.

L'acte rédigé doit être *relu* aux comparants et aux témoins, et il faut mentionner l'accomplissement de cette formalité pour qu'elle ne soit point oubliée.

Il doit être *signé* par l'officier, les parties et les témoins.

II. **Tenue et conservation des registres.** — Les actes ne doivent pas être écrits sur des feuilles volantes trop exposées à être perdues.

Ils sont écrits sur des *registres*. — Recueils collectifs en volumes reliés.

Ils sont tenus en *double* pour mieux en assurer la conservation.

Chacun des deux *doubles* est un original, en ce sens qu'ils portent tous les deux les signatures exigées par l'article 39.

Précautions pour assurer la régularité des registres :

1° Ils sont *cotés,* c'est-à-dire numérotés feuille par feuille (*quotus, quota*), avec indication spéciale de la première et surtout de la dernière feuille (page 500° *et dernière*).

2° *Paraphés* à chaque feuille par un juge.

Cette double précaution prise sur le registre avant qu'il serve, empêche :

De supprimer des feuillets ;

D'en intercaler ;

D'en ajouter à la fin.

3° Les actes doivent se suivre *sans blanc.*

Les *ratures* et les *renvois* doivent être signés comme l'acte lui-même.

Pas d'*abréviations,* pas de *chiffres.*

Les *blancs* auraient facilité l'insertion d'actes à des époques antérieures à leur date réelle.

Les *lignes blanches* permettraient l'intercalation de lignes supplémentaires dans les actes.

De même les *renvois* non approuvés.

Les *ratures* faciliteraient des altérations.

Comme aussi les abréviations et les chiffres, assez commodes à transformer.

4° Le registre est *clos* par l'officier de l'état civil à la fin de l'année, c'est-à-dire qu'il mentionne que tel acte est le dernier du registre, ce qui rend impossible d'en ajouter plus tard sur les feuilles restées blanches à la fin.

III. **Conservation des registres.** —
Quand le registre d'une année est clos, l'un des doubles reste à la mairie, l'autre est déposé au greffe du tribunal. Ce qui diminue les chances de destruction accidentelle.

IV. **Publicité des registres.** — Tout le
monde peut avoir intérêt à connaître l'état civil d'une personne.

A cause de cela, les registres sont publics, en ce sens que toute personne peut se procurer des copies des différents actes inscrits sur les registres (art. 45).

Ces copies sont délivrées par les dépositaires des registres :

Officiers de l'état civil;

Greffiers des tribunaux d'arrondissement.

Elles sont improprement qualifiées *d'extraits*, car ce ne sont pas des *résumés*, mais des reproductions complètes des actes.

V. Force probante des actes et des copies. (Art. 45, 2° partie.) — L'*acte,* autrement dit le registre, fait foi, c'est-à-dire est admis comme preuve *jusqu'à inscription de faux.*

L'article ne le dit pas, il le sous-entend, parce que cela dérive des règles générales. En effet, cet acte est *authentique,* car la loi appelle ainsi tout acte reçu par un officier public compétent avec les formalités requises (art. 1317), et c'est le propre de l'acte authentique de faire foi jusqu'à inscription de faux (art. 1319).

Faire foi jusqu'à inscription de faux, c'est être considéré comme vrai jusqu'à ce que le contraire ait été démontré à la suite d'une procédure de faux.

D'où il résulte : 1° Que l'acte inscrit sur le registre est supposé émaner de l'officier dont il porte la signature apparente ;

2° Que dans cet acte, tout ce qui est attesté par l'officier comme ayant été *vu* et *entendu* par lui, est également considéré comme vrai.

Sauf à combattre l'acte sur ces deux points par une procédure de faux :

Procédure criminelle, qu'on appelle *faux principal;*

Procédure civile, qu'on appelle proprement *inscription de faux.*

La *copie fait foi comme l'acte lui-même,* contrairement à la règle ordinaire (art. 1334, 1335). Il le fallait pour qu'on ne fût pas dans la nécessité de faire voyager les registres toutes les fois qu'une personne aurait eu besoin de les invoquer hors de la commune où ils ont été rédigés.

La copie, pour avoir cette force, doit être *déclarée conforme* au registre, c'est-à-dire *certifiée conforme*. Car s'il fallait vérifier sa conformité, il serait nécessaire d'examiner le registre, et alors autant vaudrait prouver par le registre lui-même.

Elle doit être *légalisée*. La *légalisation*, c'est l'attestation par un fonctionnaire public : 1° Que la signature apposée à un acte est bien celle de la personne à qui on l'attribue ; 2° Que cette personne, quand c'est un fonctionnaire, est investie des fonctions qu'elle s'attribue.

La légalisation des actes de l'état civil est donnée par un juge.

VI. Moyens de remplacer des actes réguliers. (Art. 46.) — Quand les registres ont été perdus ou détruits, ou quand il n'en a pas été tenu, les particuliers qui voudraient prouver des mariages, naissances ou décès, ne sont pas en faute de n'avoir pas d'actes écrits. Les actes (événements) de l'acte civil pourront être prouvés par *témoins* ou par des *registres domestiques* ou papiers émanés des pères et des mères *décédés*. Cette dernière circonstance, le décès des pères et mères, est une garantie que les papiers n'ont pas été rédigés par eux à l'occasion de la contestation qui donne lieu à la preuve des naissances, mariages ou décès.

VII. Actes à l'étranger. (Art. 47.) — Il faut que si des Français naissent, meurent ou se marient à l'étranger, on puisse avoir des preuves de ces divers événements.

On les prouve :

1° Par des actes rédigés selon la loi du pays ;

2° Par des actes rédigés par les ambassadeurs ou consuls français dans le pays.

ACTES DE NAISSANCE.
Art. 55-62.

La naissance doit être déclarée dans les *trois jours* par les personnes désignées dans l'art 56.

En présence de deux témoins.

Énonciations contenues dans l'acte (art. 56).

ACTES DE MARIAGE.
Art. 63, 76, 165, 171.

e mariage doit être célébré par un officier de

l'état civil : l'officier d'état civil du domicile de l'une des parties.

Il s'agit : 1° du domicile réel déterminé par l'art. 102 ; 2° d'un domicile quant au mariage qui s'acquiert par *six mois* de résidence dans la même commune. (Art. 74.)

La loi, en donnant ce choix, a voulu faciliter les mariages.

Le mariage suppose l'accomplissement de formalités préalables.

Formalités antérieures au mariage.

Publications : Avis donné au public du mariage projeté, pour provoquer des *oppositions* ou des *déclarations* d'empêchements.

Régulièrement la publication consiste :

Dans une annonce verbale à la porte de la maison commune. Deux dimanches.

Dans la rédaction d'un procès-verbal de cette annonce et dans l'affiche d'un extrait de ce procès-verbal.

Les procès-verbaux sont conservés dans le registre des publications.

Le mariage est possible le mercredi après la deuxième publication.

Il n'est plus possible un an après ce jour, parce qu'elles pourraient être oubliées.

Les publications sont faites : 1° à la mairie du domicile de chaque époux.

Comme chaque époux peut avoir un domicile quant au mariage et un domicile ordinaire, il faudra alors publier dans les quatre mairies.

Elles sont faites : 2° à la mairie du domicile de ceux sous la puissance desquels les époux sont placés quant à leur mariage (père, mère, ascendants).

Ce qui ne comprend pas le cas où ils doivent seulement faire des actes respectueux.

Le Code permet d'accorder dispense d'une publication.

Formalités de la célébration du mariage.

Il a lieu à la maison commune. Cependant dans les cas graves, l'officier se transporte dans une maison particulière, et pourvu que le mariage ait été public, il n'est pas nul.

Le mariage est célébré par l'officier public en présence de *quatre témoins*.

L'officier lit aux époux les pièces justifiant l'existence de toutes les conditions requises.

Il lit le chapitre du code sur les droits et devoirs des époux.

Il demande aux époux s'ils ont fait un contrat de mariage et reçoit leurs réponses.

Il reçoit la déclaration des deux époux qu'ils se prennent mutuellement pour mari et femme.

Il prononce leur union au nom de la loi (le mariage n'est accompli qu'à ce moment).

Il rédige l'acte de mariage constatant l'accomplissement de toutes les formalités (le mariage est parfait avant la rédaction de l'acte, et la mort subite d'une des parties ou de l'officier n'empêcherait pas le mariage d'exister).

A l'étranger les mariages des Français peuvent être célébrés d'après la loi du pays, et ils sont valables en vertu de la règle *locus regit actum*.

Mais cela ne concerne que la forme; pour les questions de capacité, de majorité, de parenté, d'âge, les Français resteraient soumis à la loi française.

Ils doivent, du reste, faire des publications en France. Mais la loi ne prononce pas la nullité du mariage fait sans publications; il dépendra des tribunaux d'apprécier si le mariage a été clandestin.

Le mariage des Français peut aussi être célébré à l'étranger dans la forme française devant les agents diplomatiques ou consulaires français (art. 48).

Formalité postérieure au mariage.

Elle ne concerne que les mariages contractés à l'étranger. Le Français doit faire transcrire son acte de mariage sur les registres de la commune de son domicile en France, dans les trois mois de son retour en France. (Art. 171.)

Cette formalité n'est pas exigée à peine de nullité, et comme la loi n'a pas prononcé de peine pour son omission, la règle est dépourvue de sanction.

ACTES DE DÉCÈS.
Art. 77-87.

Précautions de police pour empêcher les inhumations précipitées qui pourraient cacher des crimes, ou des erreurs en cas de mort apparente :

1° Autorisation de l'officier public, nécessaire pour inhumer ;

2° Vérification du décès par cet officier ;

3° Délai de vingt-quatre heures entre la vérification et l'inhumation.

Rédaction de l'acte sur la déclaration de deux personnes qui sont en même temps déclarants et témoins.

Mentions que l'acte doit contenir. (Lire art. 79.)

Appendice sur les formes des actes de l'état civil dans des cas particuliers.

LOI DU 8 JUIN 1893.

Les articles du Code civil ont été en grande partie modifiés en ce qui concerne la naissance et le décès survenus en mer ou dans des pays lointains. Il s'est agi particulièrement de créer des officiers publics spéciaux et d'assurer la conservation des actes écrits. Remarquer seulement les articles 88-92 nouveaux, d'où il résulte que, sur la présomption de la disparition d'une partie de l'équipage ou des passagers d'un navire, il peut être rendu par les tribunaux un jugement déclaratif de décès, qui tiendra lieu d'acte de l'état civil, d'où résulterait pour le conjoint d'une personne disparue le droit de contracter un autre mariage.

RECTIFICATION DES ACTES DE L'ÉTAT CIVIL
Art. 99-101.

L'acte peut contenir des erreurs; l'officier de l'état civil ne doit pas les réparer, car il n'y aurait aucune garantie que cette rectification est conforme à la vérité.

Il faut une *intervention de la justice*.

La justice, le tribunal d'arrondissement est saisi par une demande des *parties intéressées ;*

Quelquefois du *ministère public* quand l'ordre public est intéressé.

Les parties intéressées, autres que celle qui fait la demande, sont *appelées,* c'est-à-dire *assignées* pour combattre, au besoin, la demande.

Si le tribunal admet la rectification, on n'altère pas le registre, mais on mentionne le jugement de rectification en marge de l'acte réformé. Le procureur de la République doit transmettre à cet effet le jugement de rectification à l'officier de l'état civil (art. 101 nouveau, loi du 8 juin 1893).

La rectification obtenue par jugement n'a d'effet qu'à l'égard des personnes qui ont été mêlées au procès en rectification. C'est une application de la règle que les jugements n'ont d'effet qu'entre les parties en cause. *Res inter alios judicata aliis neque nocet neque prodest* (art. 1351).

DOMICILE

Domicile. — Siége légal d'une personne. Centre légal de ses affaires et de ses intérêts.

Il est *au lieu* où la personne a son principal établissement (art. 102).

D'où il résulte qu'on dit souvent : Le domicile est *le lieu* où une personne a son principal établissement. C'est une façon de parler elliptique, très-usitée dans la pratique et employée par le Code lui-même.

On oppose au domicile (siége légal de la personne) la résidence (siége accidentel).

On peut avoir un domicile et une résidence; cette dernière n'est qu'un domicile *de fait*. La personne y *demeure* sans intention définitive d'y fixer le centre de ses affaires.

Utilité de la détermination du domicile. — *Autrefois très-importante* : 1° Les lois sur les successions variaient selon les coutumes. La *succession* était réglée par la coutume du domicile du défunt.

2' Dans certaines parties de la France, on était marié en communauté ; dans d'autres, sous le régime dotal ; suivant le domicile des époux.

1° *Aujourd'hui* : 1° Domicile attribue compétence, en principe, au tribunal du domicile du *défendeur* (*actor sequitur forum rei*) ;

2° Les actes d'huissier peuvent être remis au domicile de celui à qui ils sont adressés quand ils ne lui sont pas remis à lui-même ;

3° Succession s'ouvre au domicile du défunt, d'ou résulte compétence du tribunal de ce lieu pour le partage et les autres opérations relatives à la succession ;

4° Certains actes de l'état civil sont faits par l'officier du domicile :

Mariage ;

Adoption ;

Émancipation ;

5' Conseil de famille d'un mineur convoqué à la justice de paix de son domicile ;

6' *Affouage* : Droit de prendre sa part en nature dans le produit des coupes de bois communaux, n'appartient qu'aux *domiciliés* dans la commune.

Il ne s'agit que du domicile civil ; le *domicile politique* où s'exercent les droits politiques, est soumis à des conditions particulières. Il s'acquiert par une résidence plus ou moins prolongée selon les droits qu'il s'agit d'exercer (six mois pour l'élection des députés).

Où est le domicile. — Au lieu du principal établissement. Il faut rechercher, d'après les faits, le principal établissement quand la personne en a plusieurs.

Il peut y avoir des difficultés à le reconnaître; mais, en droit, la personne ne peut en avoir qu'un, puisque la loi le place au *principal établissement* (art. 102).

Le Code ne dit pas comment s'acquiert le domicile. Il ne parle que *du changement* (art. 103). Il suppose donc un domicile préexistant.

Ce domicile, c'est le *domicile d'origine* (art. 108).

Toute personne a d'abord son domicile *de naissance,* c'est-à-dire celui de ses parents ou des personnes qui l'ont recueillie, si les parents sont inconnus.

Ce domicile se conserve jusqu'à ce qu'il soit changé.

Changement de domicile. — (Art. 103 107.)

1° Volontaire;
2° En vertu de la loi.

Changement volontaire. — Prise de possession légale du lieu où l'on s'établit, ce qui suppose le *fait* d'une *habitation réelle* et l'*intention* d'y rester à titre non provisoire.

Le fait est démontré matériellement.

L'intention se manifeste :

Expressément ;

Tacitement.

Expressément, par des déclarations à deux mairies (celles de l'ancien et du nouveau domicile).

Tacitement, par des circonstances qui montrent le caractère définitif de l'installation.

Changement par l'effet de la loi. — 1° *Acceptation de certaines fonctions publiques* — les fonctions *irrévocables,* —, le fonctionnaire doit alors établir le centre légal de ses intérêts là où ses fonctions l'attachent d'une façon définitive. (Ex.: Conseillers des Cours de cassation ou d'appel, — juges.)

Au contraire, les fonctions révocables ou temporaires n'ont pas un caractère assez solide pour nécessiter une translation de domicile.

Exemples : *révocables,* c'est-à-dire durant indéfiniment, mais pouvant finir à la volonté du gouvernement :

Procureurs généraux ou de la République — substituts ;

Conseillers d'Etat;.

Juges de paix;

Préfets et sous-préfets.

Temporaires, c'est-à-dire devant nécessairement finir à une certaine époque :

Juges de commerce, 2 ans;

Députés, 4 ans;

Sénateurs non inamovibles, 9 ans.;

Président de la République, 7 ans.

2° *Autres événements qui changent légalement le domicile* (art. 108, 109).

Mariage d'une femme.

Mise en tutelle ou *changement de tuteur* d'un mineur ou d'un interdit.

Entrée d'un majeur au *service* d'autrui lorsqu'il *réside* chez le maître.

Élection de domicile. (Art. 111.) — Il s'agit non plus d'un domicile *réel,* mais d'un domicile *fictif.*

L'élection de domicile est une déclaration de volonté par laquelle une personne consent, pour une certaine affaire, à être considérée comme domiciliée dans un certain lieu.

Exemple. — Un capitaliste de Bordeaux qui prête de l'argent à un emprunteur de Paris demande que celui-ci élise son domicile à Bordeaux. — Le but est de pouvoir faire les poursuites à Bordeaux en cas de non-paiement, ce qui est plus commode au prêteur.

Cette déclaration se fait dans un acte; ordinairement elle résulte d'une convention; quelquefois la loi oblige une personne à la faire (art. 176, opposition au mariage).

L'élection de domicile, étant faite dans l'intérêt d'un tiers ou des tiers, ne peut pas être rétractée par celui qui l'a faite, à moins qu'il n'en substitue une autre dans la même localité.

D'où résulte l'utilité qu'il y a quelquefois à élire domicile chez soi, parce que quand même on changerait son domicile réel, on conserverait toujours le domicile fictif choisi relativement à une certaine affaire.

ABSENCE

Absence. — État d'une personne qui a disparu de son domicile et de sa résidence, sans qu'on sache si elle est encore vivante.

Une personne qui n'est pas au lieu de son domicile ou de sa résidence, mais dont on connaît l'existence, est *non présente*.

Trois périodes dans l'absence :

1° Présomption d'absence;

2° Envoi en possession provisoire;

3° Envoi en possession définitive.

Première période.
Art. 112-141.

La **présomption d'absence** n'est pas l'absence proprement dite. La personne a disparu, on n'a pas de ses nouvelles, on peut douter de son existence, mais ce n'est pas depuis longtemps.

Elle finit par la déclaration d'absence, mais on ne peut pas dire quand elle commence. Cela dépend du moment où commencent les inquiétudes sur la vie de la personne disparue.

Pas de procédure spéciale pour déclarer la présomption d'absence.

Cela se fera incidemment, quand il sera nécessaire de prendre des mesures pour conserver les biens de la personne disparue.

Exemples. — Sa maison tombe en ruine, ses champs restent sans culture.

Les tribunaux ordonnent les mesures nécessaires, et pour justifier leur intervention, ils constatent la disparition et l'absence de nouvelles.

Le tribunal est saisi par les *personnes intéressées* : créanciers, époux, enfants, héritiers présomptifs, ministère public.

Parmi les mesures à prendre, il en est une qu'indique la loi : nommer un notaire pour représenter le présumé absent dans les successions ouvertes à son profit *avant sa disparition*.

Deuxième période.

Art. 115-128.

Envoi en possession provisoire. —

Commence à la *déclaration d'absence*.

Déclaration prononcée par le tribunal.

Peut être demandée quatre ans après la disparition ou les dernières nouvelles.

Et prononcée à la suite de deux jugements :

1er ordonne *enquête;*

2° statue définitivement.

Le deuxième jugement ne peut être prononcé qu'un an après le premier, pour laisser à l'absent le temps de donner de ses nouvelles.

Les délais sont plus longs quand l'absent a laissé un *fondé de pouvoirs* pour le représenter. Ce qui fait croire qu'il comptait s'éloigner pour longtemps. Il faut alors dix années de disparition au lieu de quatre.

Après la déclaration d'absence, les héritiers sont envoyés en *possession provisoire* des biens de l'absent, ils les administrent comme mandataires ou dépositaires pour les lui rendre à son retour.

Troisième période.
Art. 129-134.

Envoi en possession définitive. — Prononcé par le tribunal trente ans après l'envoi provisoire.

Les envoyés provisoires deviennent définitifs en ce sens qu'ils peuvent agir sur les biens comme s'ils étaient propriétaires. Mais ils doivent toujours rendre les biens ou ce qui leur en reste si l'absent revient.

L'envoi définitif peut être obtenu avant les trente ans, quand on est arrivé à l'époque où l'absent aurait cent ans s'il vivait encore

Mariage du conjoint de l'absent.
Art. 139.

Le conjoint de l'absent *ne peut jamais se remarier,* parce qu'on n'est pas sûr que l'absent est mort.

Seulement, *s'il s'est remarié* malgré la prohibition, son mariage ne peut pas être attaqué tant que dure l'absence, parce que l'on n'est pas sûr que l'absent est vivant.

Puissance paternelle sur les enfants de l'absent.
Art. 141, 142, 143.

TEXTES
SE RATTACHANT A LA THÉORIE GÉNÉRALE DE L'ÉTAT ET DE LA CAPACITÉ DES PERSONNES (1).

État des personnes.

État. — Situation d'une personne dans la société et dans la famille.

Société. — Ensemble des personnes.

Famille. — Ensemble des personnes qui se rattachent entre elles par la parenté ou l'alliance.

Parenté. — Lien entre personnes qui descendent d'un auteur commun.

Exemples :

1° Un père et son fils descendent de l'aïeul;

---

(1) Ces textes se trouvent disséminés dans les titres **V** à **XI** du Iᵉʳ Livre, qui font partie du programme nouveau de la 3ᵉ année. Il semble dès lors que le travail de 1ʳᵉ année doit se borner à l'étude des règles fondamentales de ces matières, sans porter sur les applications et les détails.

2° Deux frères descendent du père ;

3° Cousins germains descendent de l'aïeul.

Le premier exemple nous montre la parenté en *ligne directe*, les parents se rattachant à l'auteur commun les uns par les autres ; le fils descend du père, qui descend de l'aïeul.

Le deuxième et le troisième exemple montrent la *ligne collatérale,* les parents se rattachant à l'auteur commun sans descendre les uns des autres.

Alliance. — Lien résultant du mariage entre un époux et les parents de l'autre.

Parenté légitime. — Résultant d'un ou de plusieurs mariages successifs.

Parenté naturelle. — Celle qui ne résulte pas du mariage. *Exemples :* Enfant né de deux personnes qui ne sont pas mariées ensemble — frères et sœurs nés d'un père et d'une mère qui ne sont pas mariés ensemble.

Les textes se préoccupent particulièrement de la parenté légitime, qui est seule régulière, et commencent par traiter du mariage, qui en est la source.

MARIAGE.

Mariage. Union légitime de l'homme et de la femme qui s'associent pour vivre ensemble et pour avoir des enfants.

Le mariage doit être contracté devant l'officier de l'état civil.

Il ne peut être célébré que dans des conditions déterminées par la loi.

QUALITÉS ET CONDITIONS REQUISES POUR POUVOIR CONTRACTER MARIAGE.
Art. **144-164.**

Conditions. Circonstances dont la réunion est nécessaire pour qu'un mariage soit possible.

Parmi ces circonstances il en est qui sont relatives à la *capacité* des parties, — elles constituent ce que la loi appelle des *qualités*.

Conditions et qualités exigées :

1° Consentement des époux ;
2° Un certain âge ;
3° Liberté de tout mariage antérieur ;

4° Consentement des parents, selon certaines distinctions ;

5° Absence de parenté ou d'alliance à degrés trop rapprochés.

1° Consentement des époux. Le mariage est un contrat, c'est-à-dire un accord de deux volontés ; donc en l'absence du consentement des deux parties, il n'y a pas de mariage. (Art. 146.)

Le *manque complet* de consentement ne doit pas se confondre avec le vice du consentement.

Cas où le consentement manque complétement :

La partie a déclaré ne pas vouloir se marier.

La partie est en état de folie au moment où elle contracte.

Il n'y a pas même l'apparence d'un mariage, le mariage est inexistant.

Vices du consentement :

Consentement donné par suite de violence,

Consentement donné par suite d'erreur,

Consentement donné par une personne incapable.

Le mariage a une apparence d'existence, il devra être attaqué par une action en nullité. L'article 146 n'a pas trait à ces hypothèses.

2° Age requis pour se marier. Il faut que ceux qui veulent se marier aient atteint un certain développement physique et moral, aient acquis la *puberté* légale. (Art. 144-145.)

Homme capable de se marier à 18 ans,

Femme capable de se marier à 15 ans.

Des dispenses d'âge peuvent être accordées par le chef de l'État.

3' s.iberté d'un premier lien. La loi permet les mariages successifs, mais non pas les mariages *coexistants*.

La violation de cette règle constitue le crime de *bigamie* (travaux forcés à temps, art. 340 P.).

4' Consentement de certaines personnes sous la puissance desquelles les futurs époux sont placés quant au mariage. (Art 148-150. 160.) Celui qui veut se marier a souvent besoin d'être protégé contre sa propre volonté, parce que la passion peut altérer son jugement.

La protection est organisée de la façon suivante :

1° Certaines personnes ne peuvent se marier sans *autorisation;*

2' D'autres doivent demander *conseil;*

3° D'autres n'ont à demander ni conseil ni autorisation.

1° *Autorisation nécessaire :* à tous les mineurs;

A certains *majeurs,* les mâles qui n'ont pas 25 ans et qui ont des *ascendants.*

2' *Nécessité de demander conseil.* Pour toutes les personnes qui, n'ayant pas besoin d'autorisation, ont des *ascendants,* quel que soit l'âge de ces personnes.

3° *Ni autorisation ni conseil* pour les majeurs qui n'ont pas d'ascendants.

L'*autorisation,* quand elle est nécessaire, est *donnée* par les père et mère, les autres ascendants ou la famille selon les distinctions suivantes :

D'abord les *père et mère;* s'ils sont tous deux vivants, ils doivent autoriser tous les deux, sauf que l'avis du père l'emporte s'il y a dissentiment.

Si l'enfant n'a que son père ou sa mère, l'autorisation est donnée par ce parent.

S'il n'y a ni père ni mère, le droit d'autoriser passe aux ascendants :

Aïeuls et aïeules,

Bisaïeuls et bisaïeules.

Quand il existe plusieurs aïeuls et aïeules, ils exercent le droit d'autoriser par lignes :

Ligne paternelle,

Ligne maternelle.

Dans chaque ligne, la volonté de l'aïeul l'emporte sur celle de l'aïeule.

Quand les deux lignes ne sont pas d'accord, ce dissentiment vaut consentement.

Les bisaïeuls et bisaïeules n'ont le pouvoir d'autoriser qu'à défaut d'aïeuls.

Quand il n'existe pas d'ascendants, le pouvoir d'autoriser passe au *Conseil de famille.*

Mais alors les hommes comme les femmes sont majeurs quant au mariage à 21 ans.

Certaines personnes majeures quant au mariage ont besoin de demander un conseil (art. 151-158).

Ce sont les *personnes qui ont des ascendants.*

L'homme de 25 à 30 ans,

La femme de 21 à 25 ans,

Doivent demander trois fois le conseil à des intervalles d'un mois.

L'homme après 30 ans,

La femme après 25 ans,

Doivent demander une fois le conseil.

Le mariage peut être célébré un mois après la dernière demande de conseil.

La demande du conseil s'appelle *acte respectueux.* Elle est faite par un notaire qui en dresse procès-verbal. C'est une simple demande de conseil, puisque l'enfant peut se marier après l'expiration des délais, malgré le refus d'autorisation.

Les enfants naturels sont soumis aux règles sur

le consentement et les actes respectueux dans leurs rapports avec leur père et leur mère.

5° **Absence de parenté ou d'alliance à des degrés trop rapprochés** (art. 161-164).

Les mariages sont prohibés entre parents ou alliés trop proches, pour protéger l'intérieur des familles contre les désordres auxquels donneraient lieu les facilités de la vie commune, si l'on avait l'espoir de légitimer plus tard des relations d'abord irrégulières.

Prohibitions fondées sur la parenté.

En ligne directe, quelque éloignée que soit la parenté. Exemple : bisaïeul et arrière-petite-fille.

En ligne collatérale entre :

Frère et sœur,

Oncle et nièce,

Tante et neveu,

Sauf dispense dans ces deux derniers cas.

Entre grand-oncle et petite-nièce il existe un décret de Napoléon Ier qui interdit le mariage.

La prohibition entre ascendants et descendants, ainsi qu'entre frère et sœur, existe même dans la parenté naturelle.

Prohibitions fondées sur l'alliance.

En ligne directe entre tous les alliés :

1° Entre beau-père et bru ;

2° Entre beau-père et belle-fille (fille d'un premier mariage de sa femme).

1° Entre belle-mère et gendre ;

2° Entre belle-mère et beau-fils (fils d'un premier mariage de son mari).

En ligne collatérale : entre beau-frère et belle-sœur, c'est-à-dire qu'un homme ne peut épouser la sœur de sa femme décédée ;

Et qu'une femme ne peut épouser le frère de son mari décédé.

Ces deux derniers mariages sont permis avec dispenses (l. de 1832).

OPPOSITIONS AU MARIAGE.
Art. 172-179.

Le mariage projeté a pu rencontrer des obstacles :

1° Les *dénonciations d'empêchement;*

2° Les *oppositions.*

Toute personne peut avertir l'officier de l'état civil de l'existence d'un empêchement. C'est la *dénonciation.*

L'officier apprécie sous sa responsabilité s'il doit célébrer le mariage.

Il ne sera responsable que s'il a sciemment ou par négligence violé la loi.

Opposition. Acte par lequel une personne enjoint à l'officier de l'état civil de ne pas célébrer le mariage jusqu'à ce que les tribunaux aient statué sur sa légalité.

L'officier n'est pas juge, il doit s'arrêter devant une opposition, même s'il la croit mal fondée.

Mais la loi a limité les personnes ayant le droit de faire opposition et les causes d'opposition.

Effets de l'opposition.

L'officier de l'état civil ne doit pas célébrer le mariage.

Il doit refuser un certificat de publications.

Si la partie veut se marier, elle doit s'adresser à la justice pour obtenir *mainlevée* de l'opposition.

Devant la justice il s'agit de savoir s'il existe une cause *légale* d'empêchement au mariage.

Les tribunaux ne pourront pas maintenir l'opposition fondée sur des motifs peut-être graves, mais qui ne constitueraient pas des empêchements légaux, par exemple, l'immoralité, l'inconduite notoire de l'un des futurs époux.

D'où il résulte que les ascendants, qui ont pu
former opposition sans indiquer leurs motifs, seront forcés d'en invoquer un devant le tribunal et de
s'appuyer sur un empêchement légal; sinon leur
opposition sera levée, et elle n'aura servi qu'à ga-
gner du temps.

NULLITÉS DU MARIAGE.

Art. 180-191. 201, 202.

L'absence des conditions requises pour le mariage produit des *empêchements* à la célébration; il
en est de même de l'inaccomplissement de certaines
formalités, comme les publications ou les actes respectueux.

Parmi les empêchements, les uns sont : *dirimants*.

Les autres : *prohibitifs*.

1° *Dirimants*. Ce sont les plus graves. Non-seulement ils font obstacle au mariage, mais si le mariage a eu lieu (par une erreur ou négligence de
l'officier), l'existence de l'empêchement est une
cause de nullité (*dirimit matrimonium,* de *dirimere,*
détruire, démolir). '

Les empêchements dirimants vont être énumérés
à propos des nullités qu'ils engendrent.

2° *Prohibitifs*. Empêchements qui ne sont pas des causes de nullité si le mariage a été célébré.

Exemples :

Absence d'actes respectueux,

Défaut de publications,

Inobservation de l'article **228**,

Parenté adoptive (art. **348**).

Les nullités du mariage sont :

Absolues,

Relatives.

Nullités absolues. Ainsi nommées parce qu'elles peuvent être invoquées par toute personne (ayant intérêt); elles sont absolues parce qu'elles existent *erga omnes*.

Elles sont fondées sur la violation de règles d'intérêt public.

Nullités relatives. N'existent que par rapport (relativement) à certaines personnes.

Elles sont fondées sur des raisons d'intérêt privé.

Différences de détail :

Absolues :

Peuvent être invoquées par tout le monde.

Toujours, à une époque quelconque.

Aucun événement ne peut faire cesser la nullité (la *couvrir*).

Relatives :

Les personnes désignées par la loi peuvent seules les invoquer.

Dans un certain délai.

Elles peuvent être *couvertes.*

Nous verrons une nullité *mixte,* participant au caractère des deux espèces de nullités (art. 185).

Cette division des nullités laisse de côté les cas où le mariage est *inexistant :*

Absence complète de consentement,

Pas d'officier public.

Identité de sexe des deux prétendus conjoints.

Dans ces cas, le mariage, n'ayant même pas une existence apparente, ne ferait pas obstacle à un autre mariage et ne pourrait pas produire les effets du mariage putatif (art. 201, 202).

Nullités relatives.

Le Code parle d'abord des *nullités relatives :*
Vices du consentement.
Défaut de consentement des ascendants ou de la famille.

Vices du consentement (art. 180, 181).
Il y a eu un consentement, mais il est *imparfait.*
Causes qui vicient le consentement :
Erreur sur la personne.
Violence.

4.

Défaut de consentement des personnes sous la puissance desquelles les époux étaient placés quant au mariage (art. 182, 183) :

Le mariage *peut être attaqué :*

1° Par l'époux qui avait besoin de ce consentement.

2° Par les parents dont l'autorité a été méconnue.

Nullités absolues.

Énumération dans les articles 184 et 191 :

1° Bigamie ;

2° Défaut de puberté ;

3° Parenté ou alliance ;

4° Défaut de publicité, clandestinité ;

5° Incompétence de l'officier.

Bigamie. Elle n'existe que si le précédent mariage est valable ; donc on peut défendre la validité du deuxième mariage en alléguant la nullité du premier.

Il y a alors une *question préjudicielle* à juger avant de statuer sur le deuxième mariage.

Défaut de puberté. La nullité a un caractère mixte, parce qu'elle peut être couverte (voy. page 65).

Les vices de **clandestinité** et d'**incompé-tence** produisent des nullités absolues. Mais ces nullités sont *facultatives* pour les tribunaux, qui peuvent apprécier les circonstances. La clandestinité, en effet, a des degrés, un mariage peut avoir été plus ou moins caché ; quant à l'*incompétence,* en elle-même elle est ou elle n'est pas, cependant elle peut avoir eu plus ou moins d'inconvénients ; au fond, la compétence est une des conditions de la publicité, et si le mariage célébré par un officier incompétent a d'ailleurs été public, il pourra être validé.

Il faut, du reste, qu'il ait été célébré par un officier de l'état civil, sinon il n'y aurait pas de mariage.

Observation. Le défaut de *publications* n'est pas à lui seul un défaut de *publicité* et n'engendre pas par lui-même une nullité.

Effets des mariages nuls.

En principe ils ne produisent pas d'effets, à la différence des mariages *dissous* qui conservent leurs effets dans le passé :

Validité du contrat de mariage,

Incapacité de la femme,

Légitimité des enfants.

Exceptionnellement, les mariages nuls produisent des effets quand les deux époux ou l'un d'eux a été de bonne foi (c'est-à-dire dans l'erreur, a ignoré la cause de nullité); **on** les appelle alors *mariages putatifs*.

Quand les deux époux ont été de bonne foi, **le** mariage produit tous ses effets à l'égard des deux époux et des enfants; sauf que depuis la nullité prononcée les époux n'ont plus les droits d'époux.

Quand un seul a été de bonne foi, le mariage **ne** produit ses effets qu'à l'égard de celui-là et des enfants. Mais les enfants sont légitimes même par rapport à l'époux de mauvaise foi, bien que celui-ci n'ait pas les droits de père, de mère ou d'époux légitime.

PREUVES DU MARIAGE.
Art. **194, 200.**

Preuve par acte. La seule preuve normale, c'est l'*acte de l'état civil*.

La loi n'admet pas la preuve par témoins, comme trop dangereuse et incertaine, excepté quand les registres ont été perdus.

Possession d'état. Le Code n'admet pas la preuve par la possession d'état en matière de mariage.

Possession d'état. C'est la possession d'un certain état, l'exercice apparent des droits attachés à un certain état ;

Comme la *possession* proprement dite est l'exercice apparent du droit de propriété.

La possession d'état d'époux consiste dans le fait de vivre ensemble comme des époux et d'être considérés par le public comme des époux.

Si cela suffisait pour prouver le mariage, la loi favoriserait et sanctionnerait des unions illicites, car il est facile à un homme et à une femme vivant ensemble de se faire passer pour mariés.

La possession d'état d'époux sert cependant de preuve dans un cas particulier.

C'est quand elle est invoquée par *des enfants,* qui cherchent à prouver qu'ils sont légitimes.

Quatre conditions nécessaires :

1° Mort des parents ; car s'ils étaient vivants, les enfants pourraient apprendre d'eux où se trouve l'acte de mariage ;

2° Que les parents aient eu la possession publique de la qualité d'époux ;

3° Que les enfants aient eu la possession d'enfants légitimes ;

4° Que leur acte de naissance ne contredise pas cette possession (par exemple : ne leur donne pas la qualification d'enfants naturels ou ne porte pas la mention : père inconnu).

La possession d'état a en outre un effet particulier *entre les époux.*

Elle les prive du droit d'invoquer les nullités de l'acte de mariage.

C'est-à-dire les nullités de forme, comme la clandestinité ou l'incompétence. Nullités qui ne sont que facultatives pour les tribunaux.

Mais non pas les nullités de fond, comme la bigamie, la parenté, ou même les vices du consentement (erreur, violence) ou le défaut d'autorisation.

Peut-être aussi s'agit-il des nullités de l'acte écrit (*instrumentum*), comme celle qui résulte de ce que l'acte est écrit sur feuille volante.

Preuve par une procédure criminelle. Quand un crime a détruit l'acte.

Exemples :

Un faux a altéré l'acte constatant un mariage.

Ou l'acte de mariage a été supprimé.

La Cour d'assises peut, en prononçant la peine, constater l'existence du mariage (art. 198).

Et l'arrêt est transcrit sur les registres de l'état civil.

Il pourrait en être de même en matière correctionnelle, si l'officier était poursuivi pour rédaction sur feuille volante (art. 192 P.).

Si le coupable du crime ou du délit, la loi suppose que c'est l'officier public, est décédé, il n'y a plus de procédure criminelle ou correctionnelle possible.

Le procès a lieu devant le tribunal civil, et est intenté contre les héritiers du coupable ; mais la loi veut que la poursuite soit dirigée par le ministère public pour éviter une entente frauduleuse entre les prétendus époux et les héritiers du prétendu coupable ; ceux-ci, ne redoutant pas d'être condamnés à une peine, se défendraient mollement pour laisser les prétendus époux acquérir la preuve d'un mariage qui n'aurait peut-être pas été célébré.

OBLIGATIONS RÉSULTANT DU MARIAGE.

Obligations entre les époux et d'autres personnes, résultant des rapports de parenté ou d'alliance.
Art. 203-211.

Obligation d'aliments. — Obligation de fournir tout ce qui est nécessaire à la vie :

Nourriture ;

Habillement ;

Logement ;

Chauffage.

Ordinairement, cette obligation se traduit en argent sous forme de prestation périodique qu'on appelle *pension* alimentaire.

1° *Enfants et descendants.* — L'obligation quant à eux se complète par celle de les *élever.*

Les parents ne doivent pas autre chose, ils ne doivent pas une *dot.* La constitution de dot, étant une libéralité, n'est pas imposée par la loi.

Réciproquement les enfants ou descendants doivent des aliments aux pères, mères et ascendants.

2° *Beau-père (socer)* et *belle-mère (socrus)* ont droit à des aliments de la part des *gendres* et *brus,* et *réciproquement gendre ou bru* reçoit des aliments de son beau-père ou de sa belle-mère.

Observation. — L'obligation n'existe pas entre beau-père (second mari de la mère, *vitricus*), belle-mère (seconde femme du père, marâtre, *noverca*) et beaux-fils ou belles-filles.

Exceptions à la règle. — 1° Au cas de second mariage de la belle-mère ou de la bru qui a droit à des aliments;

2° Lorsque l'époux qui produisait l'alliance est mort sans laisser d'enfants.

Il semble que le lien est à peu près rompu avec le beau-père ou la belle-mère, quand le gendre a perdu sa femme sans enfants.

Fixation de la pension alimentaire (art. 208 et 209). Le débiteur d'aliments peut recevoir chez lui le créancier au lieu de lui payer la pension (art. 210 et 211) : 1° Quand il est hors d'état de payer des aliments en argent ;

2° Quand le débiteur est un père ou une mere qui propose de recevoir ses enfants dans sa demeure.

L'article 205 amendé par la loi du 9 mars 1891 crée une obligation d'aliments au profit du conjoint survivant, à la charge de la succession du conjoint prédécédé.

Obligations des époux entre eux.
Art. 212-226.

Elles concernent les personnes et les biens.

Obligations relatives aux personnes.

Elles sont communes aux deux époux ;
Ou propres à chaque époux.

Obligations communes.

Fidélité ;
Secours — aide pécuniaire ;
Assistance — aide personnelle dans les maladies et les dangers.
Sanction des obligations :
Fidélité : L'adultère est un délit, puni par les

articles 337, 339, P., et une cause de divorce ou de séparation de corps.

Secours : Condamnation à une pension alimentaire.

Assistance : Le refus d'assistance est une injure grave cause de divorce ou de séparation.

Obligations propres à chaque époux.

Mari — protection ;

Femme — obéissance.

De ces deux devoirs découlent, pour la femme :

L'obligation de suivre son mari partout où il réside ;

Pour le mari :

Celle de recevoir sa femme et de l'entretenir.

Sanction. — Divorce ou séparation de corps.

Condamnation pécuniaire contre le mari qui ne fournit pas à sa femme ce qui lui est nécessaire.

Peut-être la femme qui ne réside pas avec son mari peut-elle y être contrainte par la force publique.

Mais cela est contesté parce qu'il semble que cette contrainte physique est une atteinte à la *liberté individuelle.*

La sanction se bornerait alors à la saisie des revenus de la femme et à la condamnation soit au divorce, soit à la séparation de corps.

Obligations relatives aux biens.

La femme est obligée de soumettre à l'autorisation du mari tous les actes qu'elle fait relativement à ses biens.

Le mari est obligé de la protéger en accordant ou en refusant l'autorisation selon que la raison l'exige.

De là résulte l'*incapacité* de la femme mariée dont la raison n'est pas dans la faiblesse du sexe, puisque la femme non mariée est capable si elle est majeure ;

Mais dans la prééminence que la loi accorde au mari dans l'intérêt de l'association conjugale.

Elle assure l'unité de direction.

Elle garantit les intérêts collectifs du ménage et des enfants.

Incapacité de la femme en matière judiciaire. — La femme ne peut pas *plaider, ester* en jugement (*stare in judicio*).

Quel que soit le régime sous lequel elle est mariée ; ce que la loi exprime par les mots : même non commune ou séparée, c'est-à-dire même quand elle n'est pas commune en biens.

Exception. — Quand la femme est défenderesse en matière criminelle, correctionnelle ou de police.

Le mari ne pourrait pas empêcher les poursuites, et la femme a toujours intérêt à se défendre.

Incapacité en matière extrajudiciaire. — La femme ne peut pas :

Aliéner — meubles ou immeubles ;

Donner — même quand elle n'aliène pas. *Exemple :* elle promet gratuitement ;

Hypothéquer ;

Acquérir — même gratuitement. Le mari est moralement intéressé à connaître la cause des donations faites à sa femme ;

S'obliger — le texte ne le dit pas, mais l'article 224 dit : contracter ; et l'article 220 présente comme exceptionnel un cas où la femme peut s'obliger.

Elle s'oblige cependant par ses *délits,* car elle ne peut pas nuire aux tiers sans être tenue de réparer le dommage.

Observations. — 1° La femme, pour les dépenses courantes du ménage, agit ordinairement seule ; mais ce n'est pas elle qu'elle oblige, c'est le mari en vertu d'un mandat tacite de celui-ci ;

2° La femme commerçante contracte seule et elle s'oblige (art. 220), mais elle ne peut faire le commerce qu'avec l'autorisation du mari. Le principe est donc respecté ;

3° La femme peut faire son testament, parce que cet acte ne sera valable qu'après sa mort.

4° La femme séparée de corps reprend le plein exercice de sa capacité; d'où il résulte qu'elle n'a plus besoin de l'autorisation maritale. (Art. 311 nouveau, loi du 6 février 1893.)

Forme de l'autorisation. — Manifestation expresse ou tacite du consentement du mari; tacite quand il participe à l'acte.

L'autorisation doit être spéciale; si elle embrassait tous les actes à faire, elle constituerait une abdication de la puissance maritale.

Autorisation judiciaire. — La femme peut s'adresser à la justice quand le mari refuse de l'autoriser;

Dans quelques cas exceptionnels, la justice est substituée au mari :

Mari condamné à peine afflictive infamante;

Mari interdit;

Mari absent;

Mari mineur.

Conséquences du défaut d'autorisation. — En *matière judiciaire,* la femme demanderesse sera repoussée.

La femme défenderesse sera condamnée par défaut.

Si le jugement a été rendu contradictoirement, il sera nul.

En *matière extrajudiciaire.* Les actes sont nuls, c'est-à-dire *annulables,* frappés d'une nullité relative :

Pouvant être couverte par une ratification,

Ou par l'expiration du délai de dix ans ;

Ne pouvant être invoquée que par certaines personnes.

Les personnes qui peuvent demander la nullité sont :

1° *Le mari,* pour faire respecter sa puissance maritale et comme représentant l'intérêt du ménage ;

2° *La femme* qui n'a pas été protégée ;

3° *Les héritiers de la femme* qui succèdent à tous ses droits.

Souvent ce sont les enfants communs ; ils seront alors héritiers des deux époux ;

4° *Les héritiers du mari,* mais ordinairement ils n'auront pas d'intérêt ; donc pas d'action. Quelquefois, cependant, ils auraient intérêt : pour empêcher le créancier de la femme d'avoir des droits contre la communauté.

Ou pour repousser un créancier de la femme qui demanderait la nullité de la renonciation faite par celle-ci à la communauté (art. 1464).

DISSOLUTION DU MARIAGE.
Art. **227, 228.**

Il ne se dissout aujourd'hui que par la mort de l'un des deux époux ou par le divorce.

La femme survivante ou divorcée ne peut se remarier que dix mois après la dissolution du mariage.

Cette prohibition est fondée : 1° Sur des raisons de convenance;

2° Sur la nécessité de prévenir des incertitudes relativement à la paternité de l'enfant né dans les trois cents jours de la dissolution du premier mariage, et à partir du cent quatre-vingtième jour après la célébration du second.

Sanction de cette règle. (Art. 194 P.) — Amende contre l'officier de l'état civil.

Mais *pas nullité* du mariage.

DIVORCE.

Le **divorce** est la dissolution du mariage par une décision judiciaire.

Admis par le Code civil en 1803, le divorce avait été aboli par la loi du 8 mai 1816; il a été rétabli par la loi du 27 juillet 1884.

Cette loi fait revivre, mais avec quelques modifications, les anciennes dispositions du Code civil.

Le plus grand changement que l'on ait fait subir au Code civil, c'est l'abrogation du *divorce par consentement mutuel,* auquel le code consacrait de nombreux articles (art. 275-294), et dont le rétablissement a paru au législateur trop dangereux au point de vue de la stabilité des unions, qu'il exposerait à des dissolutions par caprice et sans motif sérieux. (Loi de 1884, art. 1er.)

CAUSES DU DIVORCE.

Quatre causes de divorce :
1° Adultère (art. 229, 230);

2° Excès, sévices ou injures graves (art. 231);

3° Condamnation de l'un des époux à une peine afflictive et infamante (art. 232);

4° Séparation de corps ayant duré trois ans (art. 310).

1° *Adultère*. — Le nouvel article 230 supprime une différence que l'ancien texte établissait entre l'adultère de la femme et l'adultère du mari. Ce dernier fait n'était une cause de divorce que dans le cas où le mari avait tenu sa concubine dans la maison commune.

Aujourd'hui, l'adultère commis par l'un ou l'autre des époux est une cause de divorce en quelque lieu et dans quelque circonstance qu'il ait été commis. On a manifesté dans les Chambres la volonté d'établir entre les époux l'égalité au point de vue de la violation du devoir de fidélité qui leur est imposé à un degré égal.

2° *Excès*. — Violence physique de nature à mettre la vie en danger.

Sévices. — Violences moins graves rendant la vie commune insupportable.

Injures. — Outrages oraux ou écrits, ou même faits outrageants, comme abandon de la maison conjugale ou refus par le mari d'y recevoir sa femme.

3° *Condamnation de l'un des époux à une peine*

5.

afflictive et infamante. — L'ancien article 232 ne contenait pas le mot *afflictive*. Il en résultait que la condamnation à une peine simplement infamante, comme le bannissement ou la dégradation civique, entraînait le divorce. La législation de 1884 exige que la peine soit afflictive et infamante, parce que les peines simplement infamantes sont le plus souvent encourues pour des faits de l'ordre politique qui n'impliquent pas l'immoralité de leur auteur, et qui, par conséquent, ne menacent ni l'honneur ni la paix du ménage.

Observation. — Les peines correctionnelles, même l'emprisonnement pour vol, ne sont point *infamantes* au point de vue légal et n'entraînent pas le divorce.

4' Séparation de corps ayant duré trois ans (V. ci-après art. 310).

Publicité du jugement ou arrêt prononçant le divorce.

Le mariage n'est pas dissous par le prononcé du jugement. Le divorce proprement dit est retardé jusqu'à l'accomplissement de certaines formalités de publicité.

1° *Affiches et insertions dans les journaux.*

2° *Transcription du dispositif du jugement ou de*

l'arrêt sur les registres de l'état civil du lieu où le mariage a été célébré, avec mention de ce jugement ou arrêt en marge de l'acte de mariage.

Cette formalité remplace l'acte de divorce qui s'accomplissait, d'après la loi de 1884, à l'état civil avec une solennité qui imitait celle du mariage lui-même; elle est aussi nécessaire que l'était le prononcé de l'acte de divorce par l'officier de l'état civil, et par conséquent la loi de 1886 a subordonné la validité du divorce à l'accomplissement, par les parties, des diligences, tendant à faire opérer la transcription.

Ces diligences consistent en une signification de la décision judiciaire faite à l'officier de l'état civil dans le délai de deux mois à partir du moment où le jugement ou l'arrêt est devenu définitif, et une réquisition de transcrire le dispositif de ce jugement. Les deux mois expirés sans que les diligences aient été faites, le divorce est considéré comme nul et non avenu.

Quant à la transcription elle-même, elle doit être faite par l'officier, le cinquième jour après la signification faite par l'un ou l'autre époux en vue de requérir la transcription. Mais les époux ne sont pas responsables de la faute personnelle de l'officier, et le divorce ne serait pas annulé à raison d'une négligence de l'officier de l'état civil.

Quand les formalités ont été remplies, le divorce produit tous ses effets et rétroagit même entre les parties au jour de la demande, au moins quant à leurs intérêts pécuniaires (par exemple quant à la date de la dissolution de la communauté).

Mais, même entre les époux, au point de vue des droits et des devoirs relatifs aux personnes elles-mêmes, par exemple en ce qui concerne l'adultère, ou le commencement du délai de dix mois imposé à la femme divorcée qui veut se remarier, la rétro-activité n'est pas possible, mais il est difficile de fixer exactement quand le mariage a été véritable-ment dissous; le silence de la loi autorise des hési-tations entre la date du jugement et celle de la transcription.

EFFETS DU DIVORCE

L'effet principal est de rompre le lien qui unissait les deux époux, de les libérer des obligations que le mariage leur imposait (fidélité, secours, assis-tance, obéissance et protection), et, par conséquent, de leur permettre de se remarier, l'un avec une autre femme, l'autre avec un autre mari.

Ce second mariage peut être contracté par la femme dix mois seulement après que le divorce est devenu définitif. Cette règle, écrite dans l'article 296, n'est qu'une application de l'article 228.

SÉPARATION DE CORPS.

Acte qui fait cesser entre deux époux l'obligation de vivre en commun en laissant subsister les autres obligations. Cet acte est un jugement ou un arrêt.

Ou *état* de deux époux entre lesquels a cessé l'obligation de vivre en commun.

Le Code civil et la loi de 1884 l'admettent concurremment avec le divorce.

Causes de séparation de corps.
Art. 306.

Elles sont les mêmes que les causes de divorce :
1° Adultère ;
2° Excès, sévices, injures graves ;
3° Condamnation à une peine afflictive et infamante.

Effet de la séparation de corps.
Art. 310, 311.

La vie commune cesse, mais le mariage subsiste.

La femme n'a plus la résidence ni le domicile de son mari.

Mais les articles 212, 213, 214 régissent toujours les rapports des époux.

Le devoir de *fidélité* subsiste; seulement la sanction pénale n'existe plus quant à l'adultère du mari, parce qu'il n'y a plus de maison commune (art. 339 du Code pénal, non abrogé par la loi de 1884 sur le divorce).

Le devoir de *secours* entraîne toujours le droit à une pension alimentaire.

Le devoir d'*assistance*, c'est-à-dire d'aide personnelle, ne peut plus se concevoir entre personnes qui ne vivent plus ensemble.

Les devoirs de *protection* et d'*obéissance* n'ont plus trait aux actes de la vie quotidienne; en outre, depuis la loi du 6 février 1893, la femme séparée de corps reprend le libre exercice de sa capacité et n'a plus besoin de l'autorisation maritale.

La séparation de corps, cause de divorce. — Quand la séparation a duré trois ans, chacun des époux peut demander et obtenir des tribunaux qu'elle soit convertie en divorce.

PATERNITÉ ET FILIATION.

Deux mots qui expriment le rapport entre deux personnes dont l'une est née de l'autre.

Ce rapport envisagé du côté du générateur s'appelle :

Paternité,

Maternité.

Du côté de l'enfant : filiation.

Deux espèces de filiation :

Légitime, dérivant d'un mariage,

Illégitime, ne dérivant pas d'un mariage.

C'est donc un des effets les plus importants du mariage que de donner la légitimité aux enfants qui en sont issus.

FILIATION LÉGITIME.

Enfant légitime. —Enfant conçu du fait de deux personnes mariées ensemble au moment de la conception.

Peut-être la loi assimile-t-elle aux enfants légitimes ceux qui *naissent* dans le mariage, quoique conçus auparavant (art. 314); mais ce ne peut pas être le type des enfants légitimes.

La légitimité suppose donc :

    1° Le mariage de deux personnes ;

    2° La naissance *ab uxore;*

    3° La conception *a marito.*

Dans son premier chapitre, la loi suppose que le mariage est constant ou prouvé, et que la maternité n'est pas douteuse; elle ne s'occupe que de la preuve de la paternité.

La preuve de la paternité résulte d'une *présomption,* d'un raisonnement, d'une conséquence que la loi tire d'un fait connu à un fait inconnu.

Le fait connu, c'est la conception dans le mariage; le fait inconnu, c'est la paternité du mari.

L'enfant *conçu* pendant le mariage a pour père le mari. (Art. 312, 1er alin.)

Seulement il est absolument impossible de démontrer d'une façon précise le moment exact ou a eu lieu la conception.

On le découvre au moyen d'une autre *présomption.*

Le fait *connu,* c'est la date de la naissance.

Le fait *inconnu,* c'est la date de la conception.

La loi place la conception à un certain temps avant la naissance, d'après les données de la science et de l'expérience sur la durée de la *grossesse* ou *gestation.*

En fait, la durée de la gestation étant variable, la loi admet qu'elle peut durer :

Au plus trois cents jours,

Au moins cent soixante-dix-neuf jours.

La conception se place dans le délai qui commence le trois centième jour et qui finit le cent quatre-vingtième avant la naissance.

Pourvu que la femme ait été mariée, même quelques heures, pendant cette période, l'enfant peut avoir été conçu à ce moment-là, c'est-à-dire pendant le mariage, et cette possibilité suffit pour qu'il soit légitime.

Donc pour qu'un enfant soit réputé conçu pendant le mariage, il faut qu'il naisse *plus* de cent soixante-dix-neuf jours pleins depuis la célébration du mariage, et *moins* de trois cents jours pleins depuis la dissolution du mariage.

Désaveu.

Art. 312, 314, 316, 318

Enfants conçus pendant le mariage.
La présomption de paternité qui s'appuie sur la conception pendant le mariage peut être combattue, mais seulement dans trois cas :

Impossibilité *physique* de cohabitation,

Adultère et *recel* de naissance,

Séparation de corps ou divorce.

Il y a lieu dans ces cas au *désaveu*, action en justice tendant à prouver que l'enfant de la femme n'est pas l'enfant du mari.

Premier cas de désaveu. **Impossibilité physique de cohabitation.** (Art. 312, 2ᵉ al.) Pendant toute la période pendant laquelle la conception a pu avoir lieu.

L'impossibilité résulte de l'*éloignement* ou d'*accidents* rendant impossible de la part du mari le fait de génération. *Exemples :* mutilation — blessure — maladie.

L'impuissance naturelle n'est pas une cause de désaveu ; elle est trop difficile à prouver.

L'impossibilité a dû exister pendant toute la période où peut se placer la conception.

C'est-à-dire depuis le trois centième jour avant la naissance jusqu'au cent quatre-vingtième avant la naissance inclusivement.

En effet, si le mari est parti en voyage la veille du trois centième jour avant la naissance, l'enfant peut avoir été conçu ce jour-là, puisque les longues grossesses peuvent durer trois cents jours.

De même, si le mari, éloigné depuis longtemps, est revenu le cent quatre-vingtième jour avant la naissance, l'enfant peut avoir été conçu ce jour-là, puisque la loi admet des courtes grossesses de cent soixante-dix-neuf jours.

Deuxième cas de désaveu. **Adultère de la femme.** (Art. 313, 1ᵉʳ alin.) Avec cette circonstance que la femme a caché la naissance de l'enfant à son mari.

Donc *adultère* et *recel* de la naissance ; le second fait donne à supposer que la femme elle-même ne croit pas à la paternité du mari.

Ces deux faits prouvés, la preuve du désaveu n'est pas faite ; ce sont des preuves préalables.

Il faut, en outre, que le mari démontre par tous les moyens possibles qu'il n'est pas le père. *Exemples :* âge avancé du mari — éloignement en dehors des conditions de l'article 312. — Mésintelligence entre les époux, — correspondance de la femme avec le complice de l'adultère. Les tribunaux sont souverains appréciateurs de ces faits.

Troisième cas de désaveu. **Divorce ou séparation de corps**, ou même *procédure en divorce ou en séparation de corps.* (Art. 313 amendé par la loi du 6 décembre 1850 et par la loi du 18 avril 1886).

Cas de *séparation de corps.* Le mari peut désavouer l'enfant né trois cents jours après la décision qui autorise la femme à résider séparément. Il n'a pas autre chose à prouver.

Mais l'enfant pourrait démontrer qu'il y a eu réunion de fait des époux à l'époque de la conception.

Dans le cas où la séparation de corps vient à cesser ou lorsque la demande en séparation est rejetée, l'article 312 reprend sa force, et l'enfant ne peut plus être désavoué s'il est né cent quatre-vingts jours (c'est-à-dire le cent quatre-vingtième jour) après la cessation de la séparation ou le rejet de la demande.

Dans ces circonstances, en effet, l'enfant peut avoir été conçu depuis que le mariage a repris tous ses effets.

Observation. Ce troisième cas de désaveu a été ajouté au Code civil par la loi du 6 décembre 1850. Le but de cette loi a été de supprimer les résultats scandaleux des dispositions du Code. Lorsque la femme séparée vivait ouvertement en état d'adultère dans la même ville que son mari et qu'elle ne cachait pas la naissance de l'enfant, il résultait des articles du code que le désaveu n'était possible ni pour cause d'éloignement, ni pour cause d'adultère, puisqu'il n'y avait pas recel de la naissance.

Cas de divorce. La disposition introduite par la loi de 1850 dans l'article 313 a été étendue au divorce par les lois de 1884 et de 1886, qui l'ont légèrement modifiée dans ses termes pour la mettre en harmonie avec les règles sur la procédure du divorce.

Enfants nés dans le mariage, mais conçus auparavant (art. 314). Ce sont les enfants nés avant le cent quatre-vingtième jour du mariage.

Le fait de leur naissance dans le mariage sert de base à une présomption de paternité du mari.

Présomption moins forte que celle qui a pour base la conception dans le mariage, car le mari *peut désavouer* sans avoir aucune autre preuve à faire que celle des dates du mariage et de la naissance.

Dans trois cas seulement il ne peut pas désavouer :

1° S'il a eu connaissance de la grossesse avant le mariage ;

2° S'il a signé l'acte de naissance.

Ces deux faits sont comme un aveu de paternité.

3° Si l'enfant n'est pas né viable, c'est-à-dire s'il n'est pas conformé de manière à pouvoir vivre.

Dans ce cas l'enfant ne peut avoir aucun droit, et sa légitimité est sans intérêt.

De plus, sa *non-viabilité* rend vraisemblable une naissance trop hâtive, ce qui permet quelquefois de croire à la paternité du mari.

Quand l'enfant né avant le cent quatre-vingtième jour n'est pas désavoué, il a les droits d'un enfant légitime.

Mais il n'a ces droits qu'en vertu d'une sorte de légitimation ; ils ne datent par conséquent que du mariage.

Et il ne peut être traité comme légitime que si sa conception n'a pas été adultérine (art. 331).

Des auteurs soutiennent cependant que ces enfants sont de vrais enfants légitimes, en s'appuyant sur l'intitulé du chapitre, bien qu'on puisse interpréter le mot *ou* dans le sens alternatif, comme si la loi avait dit : de la filiation des enfants *soit* légitimes, *soit* nés dans le mariage.

Conditions d'exercice de l'action en désaveu (art. 316-318). Elle n'appartient qu'au *mari* ou à ses *héritiers*. Elle doit être exercée dans un délai assez court, parce que le silence de ceux qui peuvent l'intenter équivaut à un aveu de la paternité.

Délai quant au mari :

Un mois à partir de la naissance, s'il est sur les lieux.

Deux mois à partir de son retour ou de la découverte de la naissance, s'il était éloigné ou s'il y a eu *recel*.

Les héritiers n'ont le droit que si le mari est mort ayant encore le droit de désaveu.

Le délai pour eux est de deux mois à partir du moment où l'enfant manifeste une prétention à la succession de son prétendu père :

Soit en s'emparant des biens,

Soit en les réclamant contre les héritiers du mari.

Tant que l'enfant n'a pas manifesté ces prétentions, l'inaction des héritiers s'explique par ce fait qu'ils n'ont pas intérêt à désavouer.

Forme du désaveu :

Demande en justice.

Acte extrajudiciaire notarié ou par huissier.

Dans le cas d'acte extrajudiciaire, il faut une demande en justice dans un nouveau délai d'un mois à partir du désaveu.

L'action est dirigée contre l'enfant assisté d'un tuteur *ad hoc,* en présence de la mère.

Action en contestation de légitimité.
Art. 315.

Toutes les fois que l'enfant n'est ni conçu ni né dans le mariage. *Exemple :* enfant né plus de trois cents jours après la dissolution du mariage.

Ou toutes les fois que la maternité elle-même est

contestée, d'où il résulte que les articles 312 et 314 ne sont pas applicables.

Il y a lieu à une action en contestation de légitimité.

Elle peut être intentée par toute personne intéressée. *Exemples :* parents non héritiers du mari; parents de la femme.

Elle n'est pas assujettie aux délais courts de l'action en désaveu et n'est soumise qu'aux règles générales de la prescription.

PREUVES DE LA FILIATION LÉGITIME.

La preuve de la filiation legitime est nécessaire quand la *maternité est douteuse,* et par conséquent la paternité.

Elle suppose que le *mariage* de la prétendue mère et du prétendu père est *certain;* sinon la preuve du mariage doit être faite préalablement par les moyens indiqués aux articles 194, 197 et 198.

Trois modes de preuve de la filiation légitime:

1° Acte de naissance ;

2° Possession d'état ;

3° Preuve par témoins.

1° **Acte de naissance** (art. 319). Pourvu qu'il désigne suffisamment la mère, la preuve est complète, puisque la mère est mariée et que la paternité du mari est présumée.

Mais il faut que l'enfant prouve qu'il est bien celui que désigne l'acte (preuve de l'*identité*).

2° **Possession d'état** (art. 320 - 322). Exercice apparent des droits attachés à l'état d'enfants de tel et telle.

Réunion de faits indiquant le rapport de paternité et filiation entre une personne et les epoux du mariage desquels elle se dit issue.

La loi cite quelques-uns de ces faits :

Nomen,

Tractatus,

Fama.

Ces faits se prouvent par témoins s'ils sont déniés. Ils doivent établir la relation à la fois avec le père et avec la mère, sinon ils ne constitueraient pas une possession d'état d'*enfant légitime,* l'enfant en rapport avec un seul parent ayant plutôt l'apparence d'un enfant naturel.

Observation : L'acte de naissance et la possession d'état sont deux preuves dont chacune est *suffisante,* alors même qu'elle est seule.

Mais *réunies* et *conformes,* elles se corroborent,

et rendent l'état *inattaquable* non-seulement par les tiers, mais par l'enfant lui-même.

Il est, en effet, d'intérêt social que l'état des familles soit *certain* et *stable*.

Pour qu'il en soit ainsi, il faut, du reste, que l'acte produit soit bien celui qui a été rédigé par l'officier, car s'il était fabriqué ou altéré matériellement par un faussaire, ce ne serait plus le titre de naissance de l'enfant.

3° **Preuve par témoins** (art. 323-325).

Nécessaire : Soit quand il n'y a pas d'acte de naissance et pas de possession d'état.

Soit quand l'acte de naissance ne désigne pas la mère ou la désigne sous un *faux nom*.

Même dans ces cas, la preuve par témoins n'est admise que sous certaines restrictions.

La loi redoute, dans l'intérêt des familles, les témoins corrompus à prix d'argent, les mémoires infidèles, et les dépositions faites légèrement ou par complaisance.

Elle veut des *preuves préalables* sur laquelle s'appuiera la preuve par témoins :

Présomptions ou indices.

Commencement de preuve par écrit.

Présomptions ou *indices*. Faits *constants* rendant vraisemblable la prétention.

Exemples : La famille a accepté l'enfant comme un de ses membres (possession d'état incomplète). Marques corporelles. Procès-verbal à propos d'un enfant trouvé (art. 58).

Commencement de preuve par écrit. Écrit rendant *vraisemblable* le fait allégué et émané d'une partie engagée dans la contestation ou qui y aurait intérêt si elle était morte.

Observation : Quand l'enfant a prouvé par témoins la maternité, la présomption de paternité est le résultat de cette preuve ; mais elle est affaiblie, puisque sa base a été contestée, et le mari pourrait prouver qu'il n'est pas le père sans se placer dans les cas de désaveu.

Règles sur les demandes en réclamation d'état.

Art. 325-330.

Les tribunaux civils sont seuls compétents. Alors même que la réclamation se rattacherait à une question criminelle.

La loi considère la question d'état comme trop importante pour être jugée *accessoirement* à une question criminelle.

Par cette même raison, le procès criminel ne

peut être jugé avant le procès civil, parce que la décision rendue au criminel pourrait influencer les juges civils.

Il en résulte que l'action du ministère public est paralysée tant que l'action civile *n'est pas intentée*.

Durée de l'action en réclamation d'état. Elle dure toujours tant que l'enfant est vivant.

Elle ne passe à ses héritiers que s'il est mort avant l'âge de vingt-six ans.

Ou si elle a été intentée par lui, quand il meurt passé cet âge.

Dans ce dernier cas, il faut que la demande n'ait pas été éteinte par le *désistement* de l'enfant ou par la *péremption* (trois ans sans poursuites).

FILIATION NATURELLE.

Enfants naturels. Enfants nés de deux personnes qui ne sont pas mariées ensemble.

Trois classes :

Naturels simples,
Adultérins,
Incestueux.

Adultérins. Quand un des deux parents, au moins, est marié à une personne qui n'est pas l'autre parent.

Incestueux. Quand les deux parents sont entre eux parents ou alliés à un degré faisant obstacle au mariage.

Les enfants naturels simples ont des droits à la succession de leurs père et mère ; mais ces droits sont moindres que ceux des enfants légitimes.

Les enfants adultérins ou incestueux n'ont droit qu'à des aliments dans la succession de leurs père et mère.

Les enfants naturels ne peuvent recevoir de leurs parents, par donation ou testament, rien au delà de leur droit légal dans la succession (art. 908).

PREUVES DE LA FILIATION NATURELLE.

Filiation naturelle simple (art. 334, 336, 341). Deux modes de preuve admis par le texte du Code :

Reconnaissance.

Constatation judiciaire.

1° **Reconnaissance**. Acte par lequel une personne déclare qu'elle est le père ou la mère d'un enfant naturel.

L'acte doit être *authentique,* c'est-à-dire rédigé par un officier public compétent.

Les officiers publics compétents sont :

1° Les officiers de l'état civil;

2° Les notaires ;

3° Les greffiers des tribunaux constatant un aveu fait au cours d'un procès.

La reconnaissance n'a d'effet que par rapport à celui qui l'a faite, en vertu de la règle *res inter alios acta aliis neque nocet neque prodest.*

2° Constatation judiciaire. Cette constatation de la paternité ou de la maternité suppose un procès, c'est-à-dire une demande de l'enfant; c'est ce que la loi appelle une *recherche* de *paternité* ou de *maternité.*

En principe, la loi défend la *recherche de la paternité,* à cause de la difficulté d'arriver à des résultats certains ; elle craint, en outre, des abus auxquels donneraient lieu ces recherches, qui, faites sans preuves, n'auraient pas d'autre but que le scandale et la spéculation sur la crainte du scandale.

Exceptionnellement, la recherche de paternité est permise au cas d'enlèvement de la femme à une époque coïncidant avec celle de la conception.

La recherche a alors une base qui rend la paternité probable.

La *recherche de la maternité* est permise, parce que la grossesse et l'accouchement sont des faits apparents et faciles à constater.

La recherche devra prouver deux choses :

Accouchement,

Identité.

Prouver l'accouchement d'une femme, ce n'est pas prouver qu'on est son enfant. Voilà pourquoi il faut démontrer le deuxième point, savoir qu'on est *identiquement* l'enfant dont cette femme est accouchée

Ces différents faits peuvent se prouver par témoins, mais moyennant qu'il existe des preuves préalables, *commencement de preuve par écrit*.

C'est une garantie en faveur des familles contre les procès intentés sans aucune preuve et dans un but de scandale.

Preuve de la filiation incestueuse ou adultérine.
Art. 335-342.

Elle ne peut résulter ni de la reconnaissance (art. 335), ni de la recherche judiciaire (art. 342).

La possession d'état ne pourrait pas être non plus invoquée, puisqu'elle est considérée par ses partisans comme un aveu, c'est-à-dire une reconnaissance.

Donc cette filiation sera rarement prouvée. On peut citer pour la filiation adultérine le cas où un mari triomphe dans un désaveu, d'où il résulte que l'enfant est né de la femme, mais qu'il est adultérin.

On cite également, mais ceci est contestable, pour la filiation incestueuse, le cas où des enfants sont nés d'un mariage incestueux contracté de mauvaise foi par les deux époux.

LÉGITIMATION DES ENFANTS NATURELS.

Légitimation. Acte qui confère à un enfant naturel les droits d'enfant légitime (art. 331).

Les enfants naturels simples peuvent *seuls* être légitimés.

La légitimation résulte de *plein droit* du mariage entre les deux parents.

Pourvu que la filiation fût légalement constatée par une reconnaissance ou un jugement *antérieurement au mariage.*

Une reconnaissance postérieure au mariage pourrait être une adoption déguisée faite par des époux qui auraient perdu l'espoir d'avoir des enfants.

Effets de la légitimation. Elle donne les mêmes droits que si l'enfant était né du mariage (art. 333).

Par conséquent, leurs droits n'existaient pas avant le mariage. L'effet ne remonte pas rétroactivement à leur naissance.

Exemple : Une succession s'est ouverte au profit de leur père entre la naissance et le mariage ; le père ayant renoncé, la succession a passé à un parent éloigné du défunt, l'enfant légitimé ne pourrait pas après le mariage revendiquer cette succession comme parent plus proche.

Observation. Il existe une tendance à considérer comme légitimés les enfants nés, hors mariage, d'oncle et de nièce ou de beau-frère et belle-sœur se mariant ensuite avec dispense.

Ceci paraît bien contraire à l'article **331**, qui défend de légitimer les enfants incestueux, car c'est la seule hypothèse où puisse s'appliquer cet article, dans les autres cas d'inceste le mariage subséquent étant absolument impossible.

ADOPTION

Acte qui établit entre deux personnes des rapports semblables à ceux qui existent entre un enfant et ses père et mère.

Il consiste en une *convention validée par l'autorité judiciaire.*

Dans un cas particulier, l'adoption peut être *testamentaire.* (Art. 336.)

Conditions auxquelles l'adoption est subordonnée.

Art. 343-346.

Elle suppose d'abord le consentement des deux parties.

Elle demande en outre :

Du côté de l'adoptant :

1° Qu'il ait plus de cinquante ans. — Il ne faut pas que l'adoption détourne du mariage les personnes encore jeunes.

2° Qu'il n'ait pas d'enfants ou descendants. — Il doit à ceux-ci toute son affection.

3° S'il est marié, qu'il ait le consentement de son conjoint. Sans cela l'adoption pourrait être une cause de discorde entre les époux.

4° Qu'il jouisse d'une bonne réputation.

Du côté de l'adopté :

1° Qu'il soit majeur;

2° S'il a ses père et mère, qu'il obtienne leur consentement tant qu'il n'a pas vingt-cinq ans (homme ou femme). Au-dessous de cet âge, qu'il leur fasse un acte respectueux.

3° Qu'il n'ait pas déjà été adopté par un autre, à moins que le premier adoptant ne soit le conjoint du deuxième.

Conditions relatives :

1° Différence d'âge. — L'adoptant doit avoir au moins quinze ans de plus que l'adopté.

Il faut que la paternité adoptive puisse ressembler à la paternité naturelle.

2° L'adoptant doit avoir donné à l'adopté, pendant la minorité de celui-ci, six ans de soins.

L'adoption ne doit pas résulter d'un caprice; l'affection et le respect ne s'improvisent pas.

Adoption exceptionnelle, appelée **rémunéra-**

toire. Quand l'adopté a sauvé la vie de l'adoptant au péril de la sienne, la loi est moins exigeante quant aux conditions du côté de l'adoptant et aux conditions relatives.

Elle supprime :

1° La condition relative à l'âge de cinquante ans;

2° Celle qui exige quinze ans de différence. — Il suffit que l'adoptant soit le plus âgé.

3° Elle n'exige pas les six ans de soins.

Formes de l'adoption.
Art. 353-360.

1° La convention d'adoption est constatée par *un acte reçu par le juge de paix.*

2° Cette convention doit être *homologuée,* c'est-à-dire approuvée *par les tribunaux,* qui vérifient si toutes les conditions requises sont réunies.

Double examen des tribunaux :

1° Tribunal d'arrondissement;

2° Cour d'appel.

Qui statuent sans donner de motifs, afin que la réputation de celui qui veut adopter ne soit pas atteinte si l'adoption n'est pas admise.

Effets de l'adoption.
Art. 347-352.

Elle ne produit pas tous les effets de la filiation. Ainsi :

Elle ne crée pas la puissance paternelle;

Elle ne donne pas à l'adoptant le droit de succéder à l'adopté;

Elle ne rattache pas l'adopté à la famille de l'adoptant.

1° Elle donne à l'adopté le *nom de l'adoptant,* pour qu'il le joigne à son nom de famille;

2° Elle produit des *empêchements au mariage* entre:

L'adoptant et l'adopté ou ses descendants;

Les enfants adoptifs de la même personne;

L'adopté et les enfants de l'adoptant (nés depuis l'adoption);

L'adopté et le conjoint de l'adoptant;

L'adoptant et le conjoint de l'adopté.

3° L'adoption donne naissance à une *obligation d'aliments* entre l'adoptant et l'adopté;

4° Elle fait naître des *droits de succession* en faveur de l'adopté, qui recueille la succession de l'adoptant comme s'il était son enfant légitime.

La réciproque n'est pas vraie; l'adoptant ne succède pas en règle générale à l'adopté, parce que l'adoption doit être un bienfait, et non une spéculation.

PUISSANCE PATERNELLE

Autorité attribuée au père et à la mère sur l'enfant.

Elle a pour but de protéger l'enfant à raison de la faiblesse de son âge.

La loi débute par une règle de morale : l'enfant à tout âge doit honneur et respect à ses père et mère (art. **371**).

De cette règle morale découlent certaines règles de droit.

Exemples : Sur les actes respectueux en matière de mariage et d'adoption,

Sur le parricide (art. **323 P.**),

Sur l'interdiction de la contrainte par corps.

La puissance paternelle proprement dite cesse à la majorité de l'enfant ou à son émancipation.

Elle appartient collectivement au père et à la mère, mais le père en a l'exercice durant le mariage.

La mère l'exerce en cas d'absence du mari, et elle l'a définitivement en propre quand elle reste veuve.

Droits résultant de la puissance paternelle.

Art. 372-374.

Droit d'élever les enfants, ce qui implique la surveillance et la direction de leur conduite.

Par conséquent, la détermination de la résidence de l'enfant, sauf le cas d'engagement militaire après vingt ans.

Sanction du droit de puissance paternelle.

Art. 375-383.

Comme sanction extrême la loi organise un droit de *correction*.

Qui consiste dans un *emprisonnement,* improprement qualifié détention.

L'emprisonnement est ordonné par le président du tribunal sur la demande du père ou de la mère.

Cette demande est formée :

Soit par voie d'autorité,

Soit par voie de réquisition.

Voie d'autorité. Le président n'est pas juge des motifs, il doit obtempérer à la demande.

Cette voie n'appartient qu'au père, encore faut-il que l'enfant n'ait pas quinze ans accomplis (le Code dit : seize ans commencés).

Cas exceptionnels où le père n'aurait pas la voie d'autorité :

1° S'il est remarié, ou craint l'influence du second conjoint ;

2° Si l'enfant exerce un état ou a des biens personnels.

Quand il a un état, il pourrait le perdre par sa détention.

Quand il a des biens personnels, il paraît au législateur avoir une plus grande indépendance par rapport à son père.

Voie de réquisition. Le président est juge et, par conséquent, maître de ne pas ordonner l'emprisonnement, sauf appel par l'enfant devant le premier président de la cour d'appel.

La *père* doit procéder par réquisition quand l'enfant a quinze ans et dans les cas exceptionnels indiqués ci-dessus.

La *mère* ne peut jamais procéder que par réquisition. La loi se méfie du caractère féminin, porté quelquefois aux exagérations, et qui pourrait attacher trop d'importance à des fautes légères.

Pour que la mère puisse requérir l'emprisonnement, il faut : 1° qu'elle ne soit pas remariée ;

2° qu'elle ait le concours des deux plus proches parents paternels de l'enfant.

Durée possible de l'emprisonnement. Quel que soit le parent qui l'ait provoqué, et qu'on ait procédé par voie d'autorité ou de réquisition,

Si l'enfant a moins de quinze ans, le maximum est d'un mois ;

Si l'enfant a plus de quinze ans, le maximum est de six mois.

Droits résultant de la puissance paternelle sur les biens de l'enfant.
Art. 384-387.

1° Administration légale du père pendant le mariage (art. 389);

2° Usufruit légal des père et mère sur les biens de l'enfant jusqu'à l'émancipation ou jusqu'à ce que l'enfant ait dix-huit ans.

Origine historique de l'usufruit légal : 1° *Droit romain.* Le père a l'usufruit des biens *adventices* (*quæ aliunde quam ex re patris adveniunt*).

2° *Droit coutumier.* Garde noble et garde bourgeoise.

Qui elles-mêmes remontent à la *garde seigneuriale* (quand le possesseur d'un fief était trop jeune pour rendre au seigneur le service militaire, le seigneur reprenait la jouissance du fief jusqu'à ce que le titulaire du fief fut en âge de porter les armes).

L'usufruit légal s'étend à tous les biens de l'enfant. Excepté : 1° Ceux qu'il a acquis par son travail. Il faut l'intéresser au travail.

2° Biens donnés ou légués sous la condition que l'usufruit légal ne les atteindra pas. Le donateur ou testateur est maître de soumettre sa libéralité à telle condition que bon lui semble.

3° Biens dont l'enfant a hérité parce que son père a été déclaré indigne de la succession (art. 730).

Charges de l'usufruit légal. 1° Charges ordinaires de l'usufruit :

Réparations d'entretien,

Contributions,

Intérêts des dettes.

Excepté : obligation de donner caution (art. 601).

2° Nourriture, entretien, éducation de l'enfant ;

3° Paiement des arrérages ou intérêts de capitaux. Comme cela ferait double emploi avec le 1°, puisque les intérêts des dettes sont une charge ordinaire de l'usufruit, il y a lieu de penser qu'il s'agit d'intérêts et d'arrérages échus avant le commencement de l'usufruit et non encore payés.

4° Frais funéraires et de dernière maladie. Il ne

s'agit pas des frais funéraires de l'enfant, car il serait injuste qu'ils ne fussent pas supportés par sa succession, puisqu'ils sont faits après la cessation de l'usufruit.

Quant aux frais de dernière maladie de l'enfant, ce sont des frais d'entretien, ils rentrent dans le 2°.

Il s'agit des frais funéraires et de dernière maladie de la personne qui a laissé ses biens à l'enfant.

Si l'usufruitier ne les payait pas, il faudrait que le paiement fut fait sur le capital de l'enfant, puisqu'il **n'a pas du tout de revenus** tant que dure l'usufruit.

Fin de l'usufruit légal. 1° Quand l'enfant a dix-huit ans. On n'a pas fait durer l'usufruit jusqu'à la majorité, parce qu'on a voulu qu'il se fît pendant les trois dernières années des économies sur les revenus, pour constituer à l'enfant un fond de roulement quand il prendra l'administration.

2° Quand l'enfant est émancipé ;

3° Quand il meurt ;

4° Quand la mère usufruitière se remarie ;

5° Quand le père ou la mère a mérité la déchéance de la puissance paternelle (art. et 2, loi du 24 juillet 1889).

6° Quand le survivant des père et mère communs en biens n'a pas fait faire l'inventaire de la communauté (art. 1442).

7° Il faut ajouter que celui des père et mère contre lequel le divorce a été prononcé, perd l'usufruit légal (disposition remise en vigueur par l'art. 1er de la loi de 1884 sur le divorce).

Puissance paternelle sur les enfants naturels.

Les père et mère naturels ont le droit de correction.

Ils n'ont pas le droit d'usufruit légal.

DÉCHÉANCE DE LA PUISSANCE PATERNELLE

RÉSULTANT DE LA LOI DU 24 JUILLET 1889.

I

Déchéance de la puissance paternelle.

Déchéance de plein droit (art. 1er).

1° Pères, mères, ascendants, condamnés pour avoir excité, favorisé ou facilité habituellement la débauche de leurs enfants mineurs (334 P., 2° alinéa).

2° Condamnés comme auteurs ou complices de *crimes* commis sur la personne d'un ou plusieurs de leurs enfants, ou d'un *crime* commis par un ou plusieurs de leurs enfants.

3° Condamnés deux fois pour *délits* commis sur la personne de leurs enfants.

4° Condamnés deux fois pour *délit* d'excitation habituelle de mineurs à la débauche.

Dans tous ces cas on peut considérer l'ascendant comme s'étant montré indigne de diriger la conduite de ses enfants.

Déchéances facultatives (art. 2). 1° Les pères et mères condamnés aux travaux forcés ou à la réclusion pour crimes autres que ceux qui sont commis contre la sûreté de l'État.

2° Condamnés pour certains délits indiqués dans les n⁰ˢ 2, 3, 4, article 2, de la loi de 1889.

3° Ceux dont les enfants mineurs de seize ans ont été placés dans une maison de correction, après un acquittement fondé sur le défaut de discernement.

4° Les père et mère qui n'ont pas été frappés par des condamnations, mais qui, par une inconduite scandaleuse et notoire ou par de mauvais traitements compromettent la santé, la sécurité ou la moralité de leurs enfants.

Effets de la déchéance (art. 1er et 8). Les pères, mères et ascendants atteints par la déchéance perdent tous les droits dérivant de la puissance paternelle.

Exemples : L'enfant n'a plus son domicile chez l'ascendant déchu.

L'ascendant perd : le droit d'autoriser le mariage ou de recevoir des actes respectueux ;

Le droit d'autoriser l'adoption ;

Le droit de correction ;

Le droit d'usufruit légal ;

Le droit d'administration légale (art. 389) ;

Tous les droits résultant du titre de la tutelle par rapport à ses enfants.

Restitution de la puissance paternelle. Toutes les fois que la déchéance résulte, soit de plein droit, soit facultativement d'une condamnation du parent déchu, la puissance paternelle ne peut revivre que par la réhabilitation du parent condamné.

Mais quand la déchéance ne suppose pas une condamnation (art. 2, §§ 5 et 6), par exemple, dans dans le cas d'ivrognerie ou inconduite notoire, il faut un jugement spécial qui relève le parent de sa déchéance et qui ne peut être rendu que trois ans après le jugement définitif prononçant la déchéance.

CAPACITÉ DES PERSONNES

Capacité : aptitude à accomplir les actes juridiques. — *Exemples :* Contracter, aliéner, faire les actes d'administration d'un patrimoine.

La capacité est la règle; **l'incapacité** est l'exception. (Art. 1123.)

Incapables :

Les mineurs,

Les interdits,

Les femmes mariées,

Les personnes auxquelles la loi interdit certains contrats.

L'incapacité de la femme mariée a été indiquee comme l'un des effets du mariage; elle cesse d'exister même pendant le mariage quand les époux sont séparés de corps.

Mineurs.

Mineur : personne de l'un ou de l'autre sexe qui n'a pas atteint l'âge de 21 ans accomplis.

Conséquence de la minorité. — Le

mineur ne peut accomplir par lui-même aucun des actes de la vie civile.

Exceptions. — Mariage, que le mineur peut contracter avec certaines autorisations.

Au **cas** d'*émancipation* le mineur acquiert une capacité limitée.

Le mineur non émancipé a donc besoin d'agir par des personnes qui administrent ses biens et qui le représentent dans tous les actes de la vie civile.

Ces représentants sont :

1° Le père du vivant de la mère;

2° Le tuteur.

Du vivant de la mère le père porte le titre d'**administrateur légal.** Sa situation ressemble à celle d'un tuteur, sauf qu'il n'existe pas dans ce cas de subrogé tuteur et que les biens du père ne sont pas frappés de l'hypothèque légale qui grève les tuteurs.

On doit ajouter que s'il s'agit d'accomplir des actes qui dépassent les limites de l'administration proprement dite, par exemple d'aliéner un immeuble, le père aura besoin des autorisations qui sont nécessaires au tuteur.

Excepté quand il s'agit des meubles incorporels régis par la loi du 27 février 1880, qui, dans son article 1er, ne parle que des tuteurs, et, d'après l'intention de ses rédacteurs, ne limite pas les pouvoirs du père administrateur.

La mort de l'un des deux parents met fin à l'administration légale et ouvre la tutelle.

TUTELLE

Quatre espèces de tutelle :
Tutelle légale du survivant des père et mère,
Tutelle déférée par le survivant des père et mère,
Tutelle légale des ascendants,
Tutelle déférée par le conseil de famille.

Tutelle légale du survivant des père et mère.

Art. 389 - 398.

Pas d'observation si c'est le père qui survit.

Si la mère est survivante. Elle est tutrice de droit, mais ses pouvoirs peuvent être restreints par la volonté du père prédécédé, qui l'oblige à prendre l'avis d'un conseil, c'est-à-dire d'un conseiller, d'une personne désignée, pour tous les actes ou pour certains actes déterminés.

Si le conseil s'oppose à un acte, la mère ne peut passer outre ; mais elle pourrait en référer au conseil de famille et aux tribunaux.

La nomination du conseil est faite par le père dans un testament ou dans un acte spécial reçu soit par le juge de paix, soit par un notaire.

Faveur spéciale accordée à la mère.

Elle peut refuser la tutelle sans être dans un cas d'excuse. On ne suppose pas qu'elle refuse par indifférence pour l'enfant. On admet qu'elle apprécie elle-même son inaptitude aux affaires.

Second mariage de la mère tutrice.

Régulièrement la mère avant de se remarier doit faire décider par le conseil de famille si la tutelle lui sera conservée.

La loi craint l'influence du second mari. Si le conseil de famille a confiance dans ce second mari, il maintient la femme en fonction, mais le second mari devient nécessairement cotuteur, c'est-à-dire associé à l'administration et responsable avec la femme.

Cette responsabilité est *solidaire,* c'est-à-dire que le mari et la femme peuvent être poursuivis chacun pour la totalité (*solidum*) de ce qui est dû à l'enfant par suite de la tutelle. C'est une garantie de paiement pour l'enfant, mais cela n'augmente pas le chiffre de ses droits, car si l'un des deux époux paye le tout, l'enfant ne peut plus rien demander à l'autre.

Si la femme s'est remariée sans faire statuer par le conseil sur la tutelle, elle perd la tutelle; mais souvent elle l'aura conservée en fait; elle restera alors responsable de ses actes, et son second mari en deviendra *solidairement* responsable avec elle.

Tutelle déférée par le survivant des père et mère.
Art. 397-401.

On l'appelle quelquefois *tutelle testamentaire.*

Le choix du père ou de la mère doit être fait, soit dans un acte revêtu des formes du testament, soit dans un acte reçu par le juge de paix ou par un notaire.

Le droit de la mère survivante est détruit ou diminué par son second mariage.

Il est détruit si elle n'est pas maintenue dans la tutelle.

Il est diminué quand elle est maintenue, en ce sens que son choix n'est valable que s'il est confirmé par le conseil de famille.

Il semble alors qu'elle n'a plus qu'un droit purement nominal, cependant elle peut arriver par cette nomination à écarter la tutelle des ascendants.

De plus, son choix aura pour résultat de créer une candidature que le conseil de famille acceptera souvent.

Le tuteur choisi par le survivant des père et mère doit accepter la tutelle, à moins qu'il n'ait une cause d'excuse.

Tutelle des ascendants.
Art. 402-404.

Les ascendants sont appelés à défaut de tuteur choisi par le père ou la mère; mais ils seraient écartés quand même le tuteur choisi serait incapable ou dispensé, ce choix établissant contre eux une présomption d'incapacité.

Les ascendants sont appelés dans l'ordre résultant de la proximité du degré de parenté.

A égalité de degré, l'ascendant paternel est préféré.

A égalité de degré entre ascendants paternels (bisaïeuls), l'aïeul paternel du père est préféré, parce qu'il porte le même nom que le mineur.

A égalité de degré entre ascendants maternels, le conseil de famille choisit.

Tutelle déférée par le conseil de famille.

Art. 405-419.

Il y a lieu à cette tutelle :

1° Quand il n'existe aucun des tuteurs précédemment énumérés ;

2' Quand le tuteur légal ou choisi est incapable, exclu ou excusé ;

3° Quand le tuteur en fonction cesse d'être tuteur ; excepté quand le survivant des père et mère, tuteur, vient à mourir.

Conseil de famille. Assemblée présidée par le juge de paix, dont la mission est de nommer quelquefois le tuteur [toujours le subrogé tuteur], de les destituer, de surveiller la gestion du tuteur, de l'autoriser à faire certains actes et de donner des avis sur les diverses affaires de la tutelle.

Composition du conseil de famille.

— 1° Le juge de paix du domicile du mineur ;

2° Six parents ou alliés (3 paternels et 3 maternels) par ordre de proximité de degrés, pourvu qu'ils résident dans la commune ou dans un rayon de deux myriamètres.

A égalité de degré, le parent est préféré à l'allié, et le plus âgé au plus jeune.

La division en deux lignes est tellement essentielle, que s'il n'existe pas de parents ou d'alliés dans une ligne, ils ne sont pas remplacés par des parents de l'autre ligne, mais par des amis du mineur que le juge de paix choisit.

Quand il existe soit des frères germains du mineur (frères de père et de mère) ou des maris de sœurs germaines,

Soit des ascendants ou des ascendantes veuves.

Toutes ces personnes sont admises au conseil sans limitation de nombre; le conseil peut alors être composé de huit, dix personnes ou plus.

Si ces personnes ne sont pas au nombre de six, il y a lieu de compléter le conseil jusqu'à concurrence de ce chiffre.

Subrogée tutelle.
Art. 420-426.

Le *subrogé tuteur* est le surveillant du tuteur et, dans quelques cas rares, son remplaçant.

La subrogée tutelle est toujours déférée par le conseil de famille,

Qui choisit le subrogé tuteur en considération du tuteur, parce qu'il faut que le surveillant ne soit ni trop ami ni trop ennemi du surveillé.

La liberté du choix du conseil est limitée sur un

point : il ne peut pas prendre le subrogé tuteur dans la même ligne que le tuteur, sauf le cas où soit le tuteur, soit le subrogé tuteur, est un frère germain, c'est-à-dire appartenant lui-même aux deux lignes.

Administration du tuteur.
Art. 450-468.

Fonctions du tuteur. 1° *Prendre soin de la personne du mineur,* c'est-à-dire veiller à l'entretien et à l'éducation du mineur.

Observation : Si le mineur a son père ou sa mère, ce parent a la *garde* de l'enfant en vertu de la puissance paternelle, c'est-à-dire, la direction physique, morale et intellectuelle de l'enfant.

2' *Représenter le pupille,* c'est-à-dire faire des actes juridiques pour lui et en son nom. *Exemple :* faire un bail.

Exceptions : Le tuteur ne peut pas faire le *testament* du mineur, ni le remplacer dans le *mariage* ou le *contrat de mariage.*

3' *Administrer les biens.* Les entretenir, les conserver, en retirer les produits.

Afin que l'administration soit entièrement dirigée dans l'intérêt du mineur, la loi interdit au tuteur de faire pour son compte personnel certains actes qui pourraient être nuisibles au mineur.

1° Acheter les biens du mineur. — Il est vrai que ces biens sont vendus aux enchères. — Mais le tuteur qui voudrait les acheter pourrait écarter les enchérisseurs par de mauvais renseignements, ou choisir un moment défavorable pour la vente, ou diminuer la publicité.

2' Prendre à bail les biens du mineur. Il pourrait se faire des conditions trop avantageuses.

Mais la loi permet le bail fait par le subrogé tuteur avec autorisation du conseil de famille.

3° Devenir cessionnaire d'un droit ou d'une créance contre le mineur.

Cette cession lui créerait des droits contraires aux intérêts du mineur.

Obligations imposées au tuteur au commencement et au cours de sa gestion (art. 451-456). Au commencement. *Faire lever les scellés* s'ils ont été apposés au domicile de la personne dont le décès ouvre la tutelle. *Exemple :* décès du survivant des père et mère.

Faire dresser un inventaire. Acte notarié en forme d'état descriptif et estimatif d'un mobilier, contenant en outre la désignation des titres de propriété et de créances, et l'énumération des dettes.

Cet acte établit la situation d'un patrimoine et,

par conséquent, montre quels sont les biens que le tuteur va administrer.

Si la tutelle s'ouvre sans ouverture de succession, ce qui remplace l'inventaire, c'est le compte du tuteur précédent.

Faire vendre les meubles aux enchères par un officier public (commissaire-priseur, huissier, greffier de justice de paix).

Pour convertir en argent des objets périssables et improductifs.

Sont exceptés les meubles que le conseil de famille autorise à conserver, comme ceux qui sont nécessaires au pupille (vêtements, livres) et ceux qui seraient des souvenirs de famille.

Cette obligation de vendre n'est pas imposée aux pères et mères ayant l'usufruit légal, parce qu'ils ont le droit de jouir des biens en nature.

Observation : Les meubles incorporels (rentes, créances, actions) ne doivent pas être nécessairement vendus. Au contraire, il faut des autorisations pour les vendre (loi 27 février 1880, art. 1er).

Mais si ces droits sont constatés par des titres au porteur, les titres doivent être convertis en titres *nominatifs* pour que le tuteur ne puisse pas les faire disparaître (loi 1880, art. 5).

Pouvoirs du tuteur. — Le droit qui appartient au tuteur de représenter le pupille est soumis à des restrictions destinées à empêcher que des actes importants ne soient faits frauduleusement ou à la légère.

Pour se faire une idée des pouvoirs du tuteur, il faut diviser en quatre groupes les actes qu'il y a lieu de faire dans la gestion du patrimoine du mineur :

1° Actes absolument interdits;

2° Actes qui demandent l'autorisation du conseil de famille, plus l'homologation du tribunal, et quelquefois une autre condition;

3° Actes qui demandent l'autorisation du conseil de famille;

4° Actes que le tuteur peut faire seul.

I. *Actes absolument interdits.*

Actes à titre gratuit (donation, renonciation à des droits), excepté donation au conjoint par contrat de mariage (art. 1398).

Compromis. Convention qui soumet la décision d'un procès à des particuliers qui ne sont pas des juges.

II. *Actes qui demandent l'autorisation du conseil de famille et l'homologation du tribunal* (art. 457-460, 467).

Vente d'immeuble. Il faut qu'il y ait nécessité absolue ou avantage évident.

La vente a lieu aux enchères, soit devant le tribunal, soit devant un notaire.

L'autorisation et l'homologation ne sont pas nécessaires quand le mineur est propriétaire par indivis avec d'autres, et que l'un de ceux-ci *provoque* la licitation (vente aux enchères d'un bien indivis).

Comme un copropriétaire ne peut pas s'opposer à la demande de licitation (art. 815), il est inutile de consulter le conseil de famille et le tribunal.

Mais la vente doit toujours avoir lieu aux enchères avec les formalités exigées pour les biens de mineurs.

Emprunt. Constitution d'hypothèque.

Transaction. Convention qui termine une contestation née ou prévient une contestation à naître, moyennant des sacrifices réciproques.

Exemple : Pierre demande à Paul 10,000 fr. ; ils mettent fin au différend en convenant que Paul donnera 6,000 fr.

Chaque partie abandonne quelque chose de ses droits ou au moins de ses prétentions.

A cause de ces sacrifices, la loi exige dans l'intérêt du mineur, outre l'autorisation et l'homologation, l'avis de trois jurisconsultes désignés par le procureur de la République. Leur rôle spécial consiste à apprécier la valeur juridique de la prétention.

du mineur et, par conséquent, l'intérêt qu'il peut avoir à transiger.

Aliénation d'un meuble incorporel du mineur dont la valeur dépasse 1,500 fr. (loi 1880, art. 1 et 2).

Le conseil de famille évalue le droit pour constater si l'homologation est nécessaire.

Conversion des titres nominatifs en titres au porteur quand la valeur excède 1,500 fr. (loi 1880, art. 11).

Cette conversion mettrait, en fait, les droits à la disposition absolue du tuteur.

III. *Actes qui demandent l'autorisation du conseil de famille sans homologation* (art. 461-468).

Prendre parti sur une succession échue au mineur.

Un héritier majeur peut choisir entre trois partis :

1° Accepter purement et simplement. Il dispose librement de la succession, mais il doit les dettes *ultra vires hœreditatis.*

2° Accepter sous bénéfice d'inventaire. Il ne paie les dettes qu'*intra vires,* jusqu'à concurrence de l'actif.

Mais son administration n'est pas libre.

3° Renoncer. Il devient étranger à la succession; il n'a pas les biens et ne doit pas les dettes.

Le premier parti est trop dangereux. La loi interdit de le prendre pour le mineur héritier.

Quant au choix entre l'acceptation bénéficiaire et la renonciation, *i* l doit être fait avec l'autorisation du conseil de famille.

Observation : Il semble que ce choix ne soit pas dangereux, puisque l'acceptation bénéficiaire ne compromet pas le mineur, qui ne doit les dettes qu'*intra vires*.

Il existe cependant un danger : si le mineur a des cohéritiers, et s'il a reçu du défunt une libéralité, en acceptant, même bénéficiairement, il doit rapporter à ses cohéritiers ce qu'il a reçu (art. 843), et, par conséquent, il faut réfléchir mûrement avant d'accepter ou de répudier la succession, puisque dans le cas de répudiation il garderait la libéralité reçue.

Accepter une donation. Il y a des considérations morales dont il est bon que le conseil de famille tienne compte.

Voyez cependant l'article 935 qui autorise les ascendants, même quand ils ne sont pas tuteurs, à accepter la donation sans l'avis du conseil de famille.

Intenter une action immobilière. — Exemple : Plaider contre uné personne qui possède un immeuble appartenant au mineur.

Acquiescer à une action immobilière, c'est-à-dire céder à la demande d'une personne qui intente contre le mineur une action immobilière.

Intenter une action en partage de biens, soit mobiliers, soit immobiliers, dont le mineur est propriétaire par indivis.

Les partages doivent être faits en justice, sinon ils sont *provisionnels*, c'est-à-dire ne s'appliquent qu'à la jouissance.

Requérir l'emprisonnement du mineur à titre de correction (art. 468).

Aliéner un meuble incorporel du mineur dont la valeur ne dépasse pas 1,500 fr. (loi 1880, art. 1 et 2).

C'est le conseil de famille qui évalue le droit et qui détermine, par conséquent, si l'homologation du tribunal est nécessaire.

Dans cette hypothèse, comme lorsque la valeur dépasse 1,500 fr.,

L'aliénation se fait à la Bourse pour les valeurs qui y sont négociables, au cours moyen (art. 3).

Pour les autres valeurs, le conseil détermine le mode d'aliénation :

     A l'amiable,

     Aux enchères par-devant notaires (créances),

     Par les chambres de discipline (offices d'avoués, de notaires, etc.).

Le conseil détermine l'emploi du prix de la vente.

La loi de 1880 a abrogé la loi de 1806 et le décret de 1813 qui réglementaient les pouvoirs du tuteur, seulement en ce qui concernait les rentes sur l'État et les actions de la Banque de France.

Convertir en titres au porteur des titres nominatifs représentant une valeur ne dépassant pas 1,500 fr. (Loi 1881, art. 11.)

IV. *Actes que le tuteur peut faire seul et sans autorisation.*

La loi ne les énumère pas; ce sont les actes pour lesquels elle n'a pas établi de règle particulière.

Exemples. Représenter le mincur en justice, sauf les cas prévus par les articles 464 et 465;

Faire des réparations aux immeubles,

Toucher les revenus,

Payer les dettes,

Placer les capitaux,

Faire des baux, pourvu qu'ils ne soient pas de plus de neuf ans, car ils gêneraient trop la propriété et ressembleraient à des actes d'aliénation;

Renouveler des baux près d'expirer, pourvu qu'ils n'aient pas plus de deux ans à courir pour les maisons et trois ans pour les biens ruraux.

Un renouvellement fait plus longtemps d'avance semblerait une tentative faite pour éluder la règle sur les neuf ans. (Art. 1718 et 1429, 1430.)

Compte de tutelle.
Art. 469.

De quelque manière que la tutelle finisse, le tuteur doit des comptes.

Le compte est une énumération des recettes et des dépenses terminée par une balance, c'est-à-dire, une comparaison du chiffre des recettes et du chiffre des dépenses.

Celui qui reçoit le compte (l'*oyant compte* — du verbe *ouïr*, entendre) vérifie si l'on n'a pas omis une recette — et si les prétendues dépenses ont été faites et régulièrement faites — elles ne sont *allouées*, c'est-à-dire admises dans le compte, que sous cette double condition.

S'il y a difficulté, la justice décide.

Le résultat du compte donne, ou un excédent de recettes sur les dépenses — un *reliquat* (sommes qui restent entre les mains du tuteur),

Ou un excédent des dépenses sur les recettes, c'est-à-dire que le tuteur est en avance.

Le tuteur doit le reliquat avec les intérêts.

S'il est en avance, il a droit d'en exiger le remboursement, mais les intérêts ne courent que du jour où il a sommé le mineur de payer.

Observation. Le Code redoute que l'ancien tuteur

n'abuse de son influence et de la hâte que l'ex-mineur peut avoir d'entrer en possession de sa fortune, pour lui faire signer une quittance de tout compte sans lui avoir rendu un compte véritable.

Pour éviter cela, il annule tout *traité*, c'est-à-dire toute convention relative à la tutelle, entre le tuteur et l'ex-mineur, si ce traité n'a pas été précédé d'un compte détaillé, avec pièces à l'appui, remis à l'ex-mineur dix jours au moins avant la signature du traité.

Comme il est nécessaire que l'ex-mineur signe un récépissé de ces pièces, si le tuteur cherchait à le tromper en lui faisant signer le récépissé et le traité ensemble, le mineur devrait soupçonner quelque fraude en voyant qu'on lui demande de donner une date fausse à l'un des actes qu'il signe.

ÉMANCIPATION

Acte par lequel un mineur est affranchi soit de 'autorité paternelle, soit de la tutelle, et qui lui donne l'administration de ses biens, en le laissant incapable des actes les plus importants.

Comment a lieu l'émancipation.
, Art. 476-479.

L'émancipation peut être tacite ou expresse.

8.

Tacite par le mariage du mineur,

Expresse par la volonté du père, de la mère ou du conseil de famille.

Le père, à son défaut la mère, peut émanciper l'enfant à partir de quinze ans,

Par une déclaration devant le juge de paix

A défaut de père et mère, le droit d'émanciper passe au conseil de famille.

Il faut, en ce cas, que l'enfant ait dix-huit ans, le conseil ayant une connaissance moins intime que les père et mère du développement moral et intellectuel de l'enfant.

Le conseil étant présidé par le juge de paix, sa délibération constatée par le greffier suffit pour opérer l'émancipation.

Après l'émancipation, le mineur est assisté d'un *curateur* qui n'administre pas comme le tuteur, mais qui doit autoriser les actes les plus graves de l'administration.

Le curateur est toujours nommé par le conseil de famille.

Sauf quand il s'agit d'une mineure mariée ; elle a pour curateur son mari (art. 2208).

Effets de l'émancipation sur la capacité du mineur.
Art. 480-484.

Le mineur acquiert la capacité de faire par lui-même les actes qui l'intéressent.

Mais il n'est pas comme un majeur. — Les actes au point de vue de sa capacité se divisent en trois classes :

1° Actes que le mineur émancipé peut faire seul ;

2° Actes pour lesquels l'assistance du curateur est nécessaire et suffisante ;

3° Actes pour lesquels le mineur est soumis aux mêmes formalités que le mineur non émancipé.

1° *Actes que le mineur fait seul.* Il administre, c'est-à-dire qu'il entretient ses biens et qu'il les fait fructifier. *Exemples :* il fait des baux de neuf ans ou au-dessous, — il touche ses revenus, — il prend à bail, — il achète, — il fait faire des travaux sur ses immeubles, — il peut ester en justice en matière mobilière.

Dans les limites de ses pouvoirs il n'est pas *res-tituable,* c'est-à-dire qu'il ne peut pas faire annuler les actes qui lui préjudicieraient (il n'a pas droit à une *restitutio in integrum*).

La loi détermine les limites de la capacité d'administrer qui appartient au mineur en employant l'expression *pure administration.*

Aussi le mineur n'a pas le droit de faire tous les actes que ferait un tuteur.

Exemples : Défendre à une action immobilière,
Recevoir un capital.

2° *Actes pour lesquels l'assistance du curateur est nécessaire et suffisante.*

Recevoir le compte de tutelle,

Ester en justice en matière immobilière,

Recevoir un capital mobilier. La loi, qui craint que le mineur ne dissipe ce capital, exige en outre que le curateur en surveille le placement.

3° *Actes qui exigent les mêmes formalités que si le mineur n'était pas émancipé.*

Emprunt. — Constitution d'hypothèque. — Aliénation d'immeubles. — Transaction. — Acceptation bénéficiaire et répudiation de succession. — Aliénation de meubles incorporels, au-dessus de 1,500 francs, quand le mineur a été émancipé pendant qu'il était en tutelle.

Addition au Code civil. La loi du 27 février 1880 sur les meubles incorporels des mineurs

Distingue trois catégories de mineurs émancipés.

1° *Mineurs émancipés pendant qu'ils étaient en*

tutelle. La loi s'applique comme aux mineurs non émancipés.

Ils peuvent aliéner jusqu'à une valeur de 1,500 francs, avec l'assistance du curateur et l'autorisation du conseil de famille

2° *Mineurs émancipés pendant le mariage de leurs père et mère.* La loi ne leur est pas applicable, sauf l'abrogation de la loi de 1806 et du décret de 1813 ; donc ils peuvent tout aliéner avec l'assistance du curateur.

Évidemment la loi a supposé que ce curateur serait le père, ce qui n'arrive pas toujours.

3° *Mineurs émancipés par le mariage.* Les dispositions restrictives de la loi ne leur sont pas non plus applicables, donc ils peuvent aliéner sans distinction avec l'assistance du curateur.

Règle exceptionnelle. — Bien qu'ordinairement le mineur émancipé ne puisse pas faire annuler les actes qu'il a faits dans les limites de sa capacité, il peut cependant faire *réduire* les engagements qu'il a contractés par voie d'achat ou autrement.

Exemples. — Achats à crédit, — Location à crédit de meubles et d'immeubles, — Embellissements de ses propriétés.

Les tribunaux réduiront en tenant compte de la

fortune du mineur et de la bonne foi du créancier.

Retrait de l'émancipation.
Art. 485.

Quand la réduction des engagements aura été obtenue, l'émancipation pourra être retirée au mineur par ceux qui la lui ont conférée, et dans la forme à laquelle est soumise l'émancipation.

On admet généralement que l'émancipation résultant du mariage ne peut pas être retirée, puisqu'elle est la conséquence d'un acte sur lequel il n'y a pas à revenir.

MAJEURS INCAPABLES

Bien que l'état normal du majeur soit la capacité, il peut être cependant incapable à raison de son état mental dans trois cas :

1° Interdiction ;

2° Nomination d'un conseil judiciaire ;

3° Placement dans une maison d'aliénés.

INTERDITS

Interdiction. — Etat d'une personne qui est privée du droit de faire par elle-même les actes de la vie civile et d'administrer sa personne et ses biens.

L'interdiction résulte :

1° De certaines condamnations criminelles (*interdiction légale*) ;

2° D'un jugement d'un tribunal civil fondé sur l'état mental de la personne (*interdiction judiciaire*).

Le Code civil ne parle que de cette dernière.

Causes d'interdiction.
Art. 489.

État habituel d'imbécillité, de démence ou de fureur :

Imbécillité, faiblesse d'esprit.

Démence, désordre intellectuel.

Fureur, démence se traduisant en actes matériels de violence.

L'état doit être *habituel,* c'est-à-dire :

1° Que quelques actes isolés ne suffisent pas ;

2° Qu'il n'est pas nécessaire que cet état soit sans intermittences (intervalles lucides).

La loi suppose que l'interdiction est prononcée contre un majeur, c'est le cas ordinaire ; mais on pourrait comprendre l'interdiction d'un mineur, elle ne serait pas inutile :

1° S'il est émancipé ;

2° S'il est sur le point de devenir majeur ;

3° Parce que les actes de l'interdit sont nuls de droit, tandis que ceux du mineur ne sont nuls que s'il est lésé ;

4° Pour l'empêcher de se marier, si l'on admet que le mariage des interdits est défendu.

Personnes qui peuvent provoquer

l'interdiction (art. 490, 491) : 1° *Tout parent,* à cause de l'affection que les parents doivent avoir pour l'aliéné et du droit éventuel qu'ils ont à sa succession ;

2° L'*époux ;*

3° Le *ministère public* quand il n'y a pas de parents (sauf le cas de fureur où la sécurité publique est intéressée).

Effets de l'interdiction. L'interdiction produit deux effets :

1° Elle rend l'interdit incapable ;

2° Elle donne lieu à l'organisation d'une tutelle.

Incapacité de l'interdit (art. 502). Tous les actes faits par l'interdit sont annulables, comme le sont en général ceux des incapables (femmes mariées, mineurs).

Les caractères qui distinguent l'annulabilité de la nullité radicale sont ·

1° Que l'acte annulable ne peut être attaqué que par certaines personnes ;

2' Qu'il peut être ratifié ;

3° Qu'il doit être attaqué dans un délai qui est ordinairement de dix ans.

Ces trois caractères sont attribués aux actes de

l'interdit, expressément par les articles 1125 et 1304, et implicitement par l'article 1338.

Il n'y a pas de doute sur ce point, quoique l'article 502 dise que les actes de l'interdit sont *nuls de droit*. Ce qui signifie seulement que les tribunaux ne peuvent pas refuser d'annuler les actes, qu'ils n'auront pas à apprécier les circonstances, et notamment à exiger la preuve de la *lésion*, comme lorsqu'il s'agit d'annuler les actes des mineurs.

Dérogations à l'article 504. 1° On admet généralement que les donations et les testaments peuvent être attaqués en dehors des conditions de l'article 504, parce que l'article 901 contient une règle spéciale qui ne permet ces deux actes qu'aux personnes saines d'esprit ;

2° La loi de 1838 sur les aliénés (v. ci-après) permet d'attaquer les actes d'une personne non interdite, pourvu qu'ils aient été faits pendant que cette personne était retenue dans une maison d'aliénés.

Tutelle de l'interdit (art. 505-511). La tutelle est déférée par le conseil de famille.

Il n'y a qu'une tutelle légitime (celle du mari sur sa femme).

La femme peut être nommée tutrice par le conseil.

Le tuteur peut demander à être déchargé après dix ans, à moins qu'il ne soit un époux, un descendant ou un ascendant.

Renvoi aux règles sur la tutelle des mineurs.

Deux dérogations à ces règles : 1° L'administration des biens doit se préoccuper des secours nécessaires à l'interdit et des moyens de le guérir, plutôt que des économies possibles.

2° Il peut être fait une donation au nom de l'interdit quand il s'agit du mariage d'un de ses enfants. Un avis du conseil de famille homologué par le tribunal autorise cette donation, qui doit avoir le caractère d'*avancement d'hoirie* (avance sur la succession, *hoirie*, de l'interdit) afin de ne pas détruire l'égalité entre les divers enfants du donateur.

Fin de l'interdiction (art. 512). — Elle ne cesse pas par la guérison. Il faut un jugement pour la faire cesser (jugement de *mainlevée*). La procédure est la même que la procédure d'interdiction.

PERSONNES QUI ONT REÇU UN CONSEIL JUDICIAIRE

Le **conseil judiciaire** est une personne qui est nommée par les tribunaux pour assister dans certains actes les *faibles d'esprit* (art. 499) et les *prodi-gues* (art. 513).

Les personnes qui ont reçu ce conseil ne sont pas absolument incapables.

D'abord elles conservent la direction de leur personne.

Elles peuvent :

Changer de domicile,

Adopter,

Reconnaître un enfant naturel,

Se marier.

En outre, en ce qui concerne leurs biens, elles ne sont incapables que des actes énumérés par la loi :

Plaider,

Transiger,

Emprunter,

Recevoir un capital,

Aliéner,

Hypothéquer.

Ces différents actes sont faits par l'incapable lui-même, mais ils ne sont valables que s'il est assisté de son conseil judiciaire.

Il peut faire seul les autres actes, en particulier les actes d'administration.

Exemples :

Donner ou prendre à bail,

Recevoir ses revenus,

Vendre les fruits de ses biens,

Faire des réparations sur ses immeubles,

Acheter ce qui est nécessaire pour son existence.

Quand il se marie, il ne peut pas faire seul son contrat de mariage, car, dans notre droit, la capacité de se marier n'implique pas absolument celle de faire des conventions matrimoniales (l'article 1398, qui semble s'inspirer de cette idée, ne parle que du mineur autorisé à se marier).

S'il se marie sans contrat, il est marié sous le régime de la communauté légale, parce que ce n'est pas lui, mais le législateur, qui a organisé ce régime; la loi, en l'imposant à tous ceux qui n'ont pas fait de contrat, a montré qu'elle le considère comme le régime qui règle le plus équitablement les intérêts des époux.

Les actes qui doivent être faits avec l'assistance du conseil sont annulables de droit si le faible d'esprit ou le prodigue les a faits seul (art. 502).

La procédure tendant à la nomination du conseil et celle qui tend à la mainlevée de la mesure prise pour protéger l'incapable sont soumises aux règles sur la procédure d'interdiction et de mainlevée d'interdiction.

Personnes placées dans des établissements d'aliénés.

La loi du 30 juin 1838 sur les aliénés a organisé un système de surveillance médicale, administrative et judiciaire sur les établissements d'aliénés; elle a pris des précautions, créé notamment des inspections, pour garantir la liberté individuelle et empêcher que des personnes non aliénées ne puissent être retenues dans ces établissements.

C'est la partie administrative de la loi; puis, à raison des précautions qu'elle a prises, elle a présumé que les personnes retenues dans les maisons d'aliénés étaient, en effet, atteintes d'aliénation mentale, et elle a cherché à les protéger; c'est la partie civile de la loi.

État de la personne placée dans un établissement d'aliénés.

Le fait du placement produit une sorte d'interdiction engendrant, par exemple, l'incapacité d'être juré ou électeur,

Et permettant d'attaquer les actes faits par l'aliéné tant qu'il a été retenu dans la maison.

Ces actes ne sont pas pas *nuls de droit,* ils *peu-*

vent être annulés suivant l'appréciation des tribunaux.

Protection de la personne et des biens de l'aliéné.

Il doit être nommé par le tribunal un *curateur* à la personne de l'aliéné, pour surveiller l'emploi de ses revenus à son soulagement et à sa guérison, et pour réclamer sa mise en liberté après sa guérison (art. 38).

Ses biens sont gérés par un *administrateur provisoire* qui est, suivant les cas, un membre des commissions administratives des établissements publics d'aliénés ou une personne nommée par le tribunal après délibération du conseil de famille (art. 31-32).

L'administrateur nommé par le tribunal peut, en vertu du jugement qui le nomme, être grevé d'une hypothèque frappant la totalité ou une partie de ses biens (art. 34).

L'aliéné est représenté dans les procès par un mandataire spécial nommé par le tribunal (art. 33).

LIVRE DEUXIÈME

DES BIENS

ET DES DIFFÉRENTES MODIFICATIONS DE LA PROPRIÉTÉ

TITRE PREMIER

DISTINCTION DES BIENS

Biens. Choses qui sont l'objet d'une propriété publique ou privée.

Choses. Tout ce qui peut être de quelque utilité aux hommes.

Divisions des biens d'après leur nature.

1° Meubles et immeubles ;
2° Biens corporels et incorporels.

Intérêt de la division des biens en **meubles et immeubles.**

Les règles du droit ne sont pas les mêmes ; ainsi : les pouvoirs du tuteur sont moins grands quant aux immeubles que quant aux meubles. (Art. 464.)

Le tuteur doit faire vendre les meubles — mais non les immeubles. (Art. 452-454.)

L'étranger propriétaire d'*immeubles* ne donne pas la caution de l'art. 16.

Les formalités des *saisies* sont plus compliquées pour les immeubles.

Les règles sur les *prescriptions* sont différentes :

Les immeubles sont prescrits par dix, vingt ou trente ans de possession.

Les meubles sont souvent acquis par la possession sans aucune condition de durée, en vertu d'une règle ainsi formulée au titre de la prescription :

En fait de meubles, la possession vaut titre (voy. art. 2279).

Biens corporels. Choses qui ont une existence matérielle, *quæ tangi possunt.* — *Exemples :*

Terre,

Maison,

Animaux.

Biens incorporels. Qui n'existent pas réellement, qui sont de pures créations de l'intelligence, des abstractions ; on les appelle des *droits.* — *Exemples :*

Usufruit,

Servitudes,

Créances

Immeubles.

Art. 517-526.

Choses qui ne se transportent pas et ne peuvent être transportées.

Trois classes :

Immeubles par nature,

Immeubles par destination,

Immeubles par l'objet auquel ils s'appliquent.

Ajoutez : les actions de la Banque de France qui *peuvent* être rendues immeubles par la permission de la loi et la volonté de leur propriétaire.

Immeubles par nature. — Le sol,
Les bâtiments.

Ajoutez les *moulins* adhérant au sol par des piliers, et ceux qui font partie d'un bâtiment.

Les *récoltes* non coupées. — Elles ne sont pas des objets distincts de la terre.

Les *tuyaux*. — Ils font également partie de l'immeuble auquel ils sont attachés ou dans le sol duquel ils sont placés.

Immeubles par destination. Objets, mobiliers de leur nature, qui sont les accessoires d'un immeuble.

Il faut pour qu'il en soit ainsi qu'ils aient été

attachés à l'immeuble par le propriétaire, sinon ils ne seraient adjoints que provisoirement et ne prendraient pas la nature de l'immeuble.

1° Le propriétaire les a attachés à l'immeuble pour son service et son exploitation.

Exemples :

Animaux servant à la culture. — Même quand le propriétaire les confie au fermier.

Ustensiles aratoires. — Charrues. — Charrettes.

Pigeons des colombiers.

Lapins des garennes.

Pailles et engrais.

2° Autres objets que le propriétaire attache au fonds *à perpétuelle demeure,* — son intention se manifestant parce que la chose est scellée,

Ou placée, soit dans l'ensemble de la boiserie — (glaces, tableaux), soit dans une niche — (statues).

En un mot, toutes les fois que le *déplacement de l'objet dégraderait l'immeuble.*

Immeubles par l'objet auquel ils s'appliquent (art. 526). Ce sont des *droits,* des *choses incorporelles.*

La nature d'un droit dépend de la nature de son objet. L'objet d'un droit, c'est la chose sur laquelle existe le droit, ou que le droit tend à faire obtenir.

Sont immobiliers les droits :

D'*usufruit,* d'*usage,* d'*habitation* quand ils portent sur un immeuble,

De *servitude.*

Il n'est pas question de la *propriété* des immeubles, parce que le droit de la propriété se confond avec la chose elle-même qui est un immeuble par nature.

Les actions tendant à revendiquer un immeuble.

Le mot *action* signifie ici : droit de réclamer en justice ce qui nous est dû ou ce qui nous appartient.

Le mot *revendiquer* signifie : se prétendre propriétaire d'une chose qu'un autre possède, et demander à être remis en possession.

Le droit de revendiquer un champ ou un usufruit, ou une servitude, n'est pas en réalité distinct du droit de propriété, d'usufruit ou de servitude, c'est la mise en œuvre judiciaire de ces droits.

L'énumération de l'article 526 est insuffisante ; il n'y est question que de la propriété et de ses analogues, autrement dit des *droits réels.*

Droit réel. — Droit d'exiger de tout le monde, *des hommes en général,* qu'ils *s'abstiennent de faire* quelque chose.

Exemples : De se servir de ce qui m'appartient. — De cultiver mon champ. — De détériorer ma maison.

Droit personnel (synonyme *créance*). Droit d'exiger *d'une personne déterminée qu'elle fasse* quelque chose ou qu'elle *s'abstienne de faire* quelque chose.

Exemples. Droit d'exiger de Pierre qu'il me donne cent francs, ou qu'il travaille pour moi.

Droit d'exiger d'un artiste qu'il ne chante pas dans le théâtre rival du mien.

Les différences caractéristiques sont donc 1° que le droit réel existe *erga omnes,* tandis que le droit personnel n'existe que contre une personne déterminée ;

2° Que le *droit réel* ne permet pas d'exiger qu'un autre fasse quelque chose, tandis que le droit personnel oblige très-souvent à faire.

Le Code n'a pas parlé des *droits personnels immobiliers,* des créances *immobilières.* Il peut en exister cependant, — et elles sont certainement des immeubles par l'objet auquel elles s'appliquent.

Exemple. Pierre a promis à Paul de lui *donner* un immeuble. Il est débiteur de l'immeuble, la créance est immobilière.

Le Code n'a pas envisagé cette hypothèse, parce qu'ordinairement, dans le droit français, celui à qui l'on a promis un immeuble en devient propriétaire, *solo consensu.* Alors il n'est pas nécessaire de dire qu'il a une créance, puisqu'il a un droit plus important.

Seulement, si la promesse n'a pas pour objet un immeuble spécialement déterminé, si, au lieu de promettre telle maison ou telle ferme, on a promis une quantité de mètres de terrain sans dire exactement lesquels : mille mètres dans le dixième arrondissement, dix hectares en Seine-et-Oise, celui à qui a été faite la promesse n'a pas encore la propriété, puisqu'il serait impossible de dire de quelle chose il est propriétaire, mais il est créancier; il a le droit d'exiger du promettant que celui-ci lui fournisse la quantité promise. C'est une *créance immobilière* donnant naissance à une *action en justice* qui est un immeuble, puisque, bien qu'elle ne tende pas à *revendiquer*, elle a *pour objet* un immeuble.

Meubles.
Art. 527-532.

Deux classes de meubles :
Meubles par nature,
Meubles par la détermination de la loi.

Meubles par nature. Choses qui se transportent par elles-mêmes (animaux) ou qui peuvent être transportées (tableaux, bijoux, tables, sièges).

Meubles par la détermination de la loi (art. 529). Ce sont des *choses incorpo-*

relles, des *droits* qui ont pour objet des meubles.

Cette classe de biens comprend tous les droits qui ne rentrent pas dans l'article 526.

Le Code énumère :

1° Les *obligations,* c'est-à-dire les *créances,* qui ont pour objet des meubles.

Exemples : obligation de payer mille francs, de livrer dix hectolitres de blé.

Quand le Code parle des obligations qui ont pour objet des sommes *exigibles,* il veut se réserver de parler plus tard des rentes, qui sont des créances dont le capital ne peut jamais être demandé (exigé) par le créancier ;

Mais il n'entend pas qu'une créance ne sera pas mobilière quand le débiteur aura un délai pour payer, ce qui à un autre point de vue permet de dire que la somme n'est pas exigible.

A côté des *obligations* ou *créances,* la loi parle des *actions* qui ont pour objet des sommes exigibles ou des effets mobiliers. Ce sont d'abord les *actions personnelles mobilières,* qui sont l'exercice en justice du droit de créance et qui se confondent avec ce droit.

Ce sont ensuite les *actions réelles mobilières,* autrement dit les *revendications de meubles,* qui sont l'exercice judiciaire du droit de propriété et se confondent avec ce droit.

2º Les *actions* ou *intérêts dans les compagnies de commerce, finance ou industrie.*

Les *actions* ou les *intérêts* dans les sociétés sont des droits à *une part* dans les *propriétés* et dans les *bénéfices* de la société.

Le mot *actions* est alors pris dans un sens tout autre que précédemment.

Les *actions* et les *intérets* sont des droits de même nature, entre lesquels il existe des différences de détail qui sont indifférentes au point de vue qu'envisage l'article 529. Ces deux variétés du même droit sont des meubles ; l'article, ne traitant que ce point-là, n'avait pas à distinguer les différentes espèces de sociétés commerciales, ni à indiquer les caractères qui distinguent l'*action* de l'*intérêt*.

L'*action* ou l'*intérêt* étant un droit à une part du fonds social, on pourrait croire que ce droit sera immobilier quand la société sera propriétaire d'immeubles.

Exemples : La Banque de France est propriétaire de son hôtel ; une société théâtrale peut être propriétaire du bâtiment. On pourrait dire que chaque associé a une part de la propriété des immeubles. Le Code décide autrement : il considère que les immeubles n'appartiennent pas aux associés, mais à la société dont il fait une personne ; les associés n'ont droit qu'aux bénéfices qui sont des meubles.

Quand la société se dissout, c'est comme si ce propriétaire mourait ; alors chaque associé devient propriétaire d'une part des immeubles, comme les héritiers d'un défunt deviennent propriétaires de ses biens.

Observation : Les grandes sociétés commerciales sont divisées par *actions,* mais elles émettent des *obligations* qu'il ne faut pas confondre avec les actions.

L'*obligation* d'une compagnie, c'est une *créance* résultant d'un *prêt.* Elle a emprunté une somme considérable, et chaque prêteur a reçu, par exemple, par chaque somme de trois cents francs prêtée, un titre qui constate la dette et qui promet en outre quinze francs d'intérêt.

Le porteur de ces titres n'est pas un associé, c'est un créancier ; il a droit à son capital et aux intérêts, alors même que la société ne ferait pas de bénéfices ; mais il n'a pas droit à davantage, quand même la société ferait des bénéfices considérables.

Tandis que l'*actionnaire* ou l'*intéressé,* étant un associé, profite des bénéfices quels qu'ils soient, et ne touche rien quand il n'y en a pas. Si bien qu'il perd son droit quand le fonds social est épuisé.

3° Les *rentes* (art. 529, 530).

La rente est lé *droit* d'exiger un certain paiement périodique sans pouvoir jamais demander le capital que représentent tous les paiements successifs.

La rente est le *droit;* les paiements périodiques ne sont pas la rente; ils en sont les *fruits,* on les appelle *arrérages*.

La rente naît d'un contrat qui ressemble ordinairement à un prêt. Une personne donne un capital en argent à une autre qui lui promet des *arrérages,* mais qui ne sera jamais forcée de restituer le capital.

C'est l'*inexigibilité* de capital qui distingue ce contrat du prêt à *intérêts*.

La rente d'ailleurs pourrait résulter d'un contrat gratuit, d'une donation, ou même d'un testament.

Elle peut être *perpétuelle* en ce sens que l'obligation de payer les arrérages durera toujours.

Ou *viagère* en ce sens que cette obligation cessera avec la vie d'une certaine personne, qui est ordinairement le *rentier*.

Un grand nombre de *rentes* sont dues par l'*État* qui emprunte sous cette forme l'argent des particuliers, mais qui ne veut pas être obligé de rendre les capitaux.

Mais le contrat peut être fait entre *particuliers*.

Le contrat de rente a été inventé autrefois parce que la législation, sous l'influence du droit canonique, défendait comme *usuraire* le prêt à intérêts.

On présentait alors le contrat non pas comme un prêt, mais comme une *vente*. Une personne qui avait besoin d'argent *vendait* à une autre, pour une somme d'argent, le *droit* de lui demander tous les ans une certaine somme équivalente aux intérêts.

Comme on n'a jamais défendu de diviser en annuités le prix d'une vente, on éludait ainsi la prohibition du prêt à intérêts, et l'on trouvait moyen de placer ses capitaux.

La rente, étant une créance qui a pour objet des sommes d'argent, est nécessairement un droit mobilier.

Si le capital de la rente perpétuelle n'est pas *exigible*, il est cependant *remboursable* à la volonté du débiteur; celui-ci peut se libérer en restituant le capital. Cette opération porte le nom de *rachat*. Expression qui rappelle la théorie ancienne. Alors qu'on appelait le contrat de rente une *vente,* on désignait par le mot *rachat* l'opération par laquelle le débiteur reprenait le droit qu'il avait vendu.

Toute rente perpétuelle est *essentiellement* rachetable, la loi n'ayant pas voulu qu'une personne et ses héritiers pussent être tenus d'une obligation pendant des siècles.

On peut seulement convenir que la rente constituée à prix d'argent ne sera pas rachetée avant dix ans (art. 1911).

Le Code a donné quelques détails sur la *rente constituée moyennant un capital en immeuble.*

Exemple : J'aliène un immeuble, et l'acquéreur me promet 2,000 fr. par an à perpétuité.

Ces rentes qu'on appelait *foncières* avaient autrefois un caractère particulier. Elles étaient des droits réels immobiliers, et n'étaient pas rachetables ; le débiteur pouvait seulement se soustraire à la charge de la rente en abandonnant l'immeuble. Cet abandon s'appelait *déguerpissement.*

Ces rentes aujourd'hui ont la même nature que celles qui sont constituées à prix d'argent. Elles sont des *créances.* Elles sont *mobilières* et *rachetables.*

Seulement les parties ont pu dans le contrat régler les conditions du rachat.

Par exemple : suspendre le rachat pendant *trente ans* (délai plus long par souvenir de l'irrachetabilité des anciennes rentes foncières).

Fixer le capital à rembourser pour le rachat, car ce n'est pas l'immeuble qui est rendu, mais une somme.

Si les parties n'ont pas fixé par le contrat le prix du rachat, on le trouvera en multipliant les arrérages d'une année par vingt ; autrement dit, on suppose que les arrérages ont été calculés à 5 pour 100 du capital.

Division des biens d'après ceux qui les possèdent.

Art. 537-543.

1° *Biens des particuliers;*

2° Biens qui *n'appartiennent pas à des particuliers,* c'est-à-dire, qui appartiennent à des *personnes morales.*

Ces personnes sont :

L'*État,*

Les *départements,*

Les *communes,*

Les *établissements publics.*

Les biens de l'État se divisent en :

Biens du *domaine public,*

Biens du *domaine privé.*

Domaine public. Biens qui, étant affectés à des usages publics, ne sont pas susceptibles de propriété privée, — comme les routes nationales, — les fleuves et rivières navigables ou flottables, les ports, les forteresses, remparts des places de guerre (art. 538, 540), chemins de fer.

Domaine privé. On les appelle aussi simplement biens de l'État; ce sont des propriétés dont l'État jouit comme un propriétaire particulier.

Exemples : Biens vacants et sans maître, terrains des fortifications des places qui ont légalement cessé d'être des places de guerre, propriétés productives de revenus.

Le domaine public est :

Inaliénable,
Imprescriptible.

Le domaine privé :

Peut être aliéné sous certaines conditions.
Il est prescriptible.

Observation. C'est par erreur que l'article 538 place dans le domaine public les terrains abandonnés par la mer (*lais* et *relais*). Ils sont du domaine privé, car l'aliénation en est autorisée (loi 16 sept. 1807, art. 41).

Biens des départements. Le Code ne reconnaissait pas la propriété départementale. Elle n'a été constituée que par un décret de 1811 et les lois départementales postérieures.

Il y a aussi un *domaine public départemental* qui comprend les *routes départementales* construites par le département.

Et un *domaine privé* composé de biens qui ne sont pas affectés à un usage public et dont quelques-uns produisent des revenus.

Biens des communes, se divisent aussi
en :

Domaine public communal :
Chemins vicinaux,
Rues,
Églises.

Domaine privé :
Biens affermés,
Biens dont la jouissance en nature est aban-
donnée aux habitants (bois, pâturages). Ces
derniers biens s'appellent particulièrement
les *communaux*.

Observation. L'*arrondissement* et le *canton* ne
sont pas des personnes civiles et ne peuvent pas
avoir de biens.

Biens des établissements publics :
Hospices,
Établissements ecclésiastiques.

Appendice sur les cours d'eau non navigables ni flottables.

Le Code ne les a pas compris dans son énumération des biens du domaine public et des biens
appartenant à l'Etat; ce qui peut faire penser que

leur lit appartient aux particuliers propriétaires riverains (quant aux droits sur les cours d'eau eux-mêmes, ils sont réglés par les articles 641 et 644).

Le lit de la rivière est la continuation du champ riverain ; par conséquent, à moins de texte contraire, il y a lieu de supposer que la propriété du riverain n'a pas d'autre limite que la propriété du riverain d'en face, c'est-à-dire que les riverains sont propriétaires chacun jusqu'au milieu de la rivière.

Ceci est démontré par l'art. 561 qui partage entre les riverains l'île formée naturellement dans la rivière, en supposant tracée, au milieu de la rivière, une ligne parallèle aux rives.

Cette doctrine a été contestée : 1° des auteurs considèrent l'État comme propriétaire du lit de ces rivières, en alléguant que l'État a succédé aux seigneurs qui, avant la Révolution, auraient eu la propriété de ces rivières ; et en s'appuyant sur l'article 3 de la loi du 15 avril 1829 sur la pêche fluviale, qui refuse toute indemnité aux riverains, si ce n'est au point de vue du droit de pêche, quand un cours d'eau non navigable est déclaré navigable.

Cette doctrine est difficile à admettre en présence de l'article 538 qui n'attribue à l'État que les rivières navigables ou flottables.

2° La jurisprudence, partant de ce fait qu'aucun texte de loi, ne statue sur cette propriété, déclare que le lit des rivières non navigables ni flottables n'appartient à personne (*res nullius*).

Elle explique ainsi l'article 563 qui, dans le cas où la rivière change de lit, partage le lit abandonné entre les propriétaires des terrains occupés par le nouveau cours des eaux, et l'article de la loi sur la pêche fluviale cité plus haut.

PROPRIÉTÉ

Droit le plus complet sur une chose.

Trois éléments du droit de propriété :

> Droit d'*user*. Se servir de la chose, suivant sa destination. *Exemples* : lire un livre, monter un cheval, habiter une maison.
>
> Droit de *jouir*. Percevoir les fruits (récoltes, loyers).
>
> Droit de *disposer*. Détruire la chose ou l'aliéner.

Le droit de propriété n'est pas absolu, la loi le soumet à des restrictions dans l'intérêt général.

Exemples : 1° *Servitudes établies par la loi ;*

2° Législation sur les *mines* (elles ne peuvent être exploitées qu'en vertu d'une concession du gouvernement) ;

3° Législation sur les *marais* (le desséchement peut être ordonné par le Gouvernement) ;

4° Établissements *insalubres* (autorisation nécessaire) ;

5° *Expropriation* pour cause d'utilité publique.

La loi n'énumère pas dans le second livre les modes d'acquérir la propriété. Ils seront l'objet d'un chapitre spécial (*infrà*).

Elle ne traite que de **l'accession.**

L'accession est l'acquisition de la propriété d'une chose accessoire comme conséquence de la propriété d'une chose principale.

Accession quant aux fruits.
Art. 547-550

Le Code range dans les cas d'accession l'acquisition des fruits d'une chose par le propriétaire de cette chose.

En réalité, les fruits faisaient partie de la chose avant d'être récoltés, le propriétaire les acquiert quand ils sont séparés du sol parce que ce sont des fragments de sa chose.

Cette observation s'applique aux fruits proprement dits, qu'on appelle fruits *naturels :*

Récoltes,

Petits des animaux.

Quant aux fruits *civils :*

Loyers,

Fermages,

Intérêts,

Ils sont les résultats d'un contrat fait par le propriétaire et ne lui sont acquis que par le paiement qui lui en est fait. Il ne s'agit donc pas d'*accession*.

Il peut arriver exceptionnellement qu'un autre que le propriétaire ait droit aux fruits :

Fermier,

Usufruitier,

Possesseur de bonne foi.

Un *possesseur* est celui qui détient une chose *animo domini*, c'est-à-dire se croyant ou voulant paraître propriétaire.

Quand un possesseur n'est pas propriétaire, il est exposé à une revendication qui le contraindra à rendre la chose et ses accessoires.

Cependant, s'il est de *bonne foi,* il pourra garder les fruits, parce qu'il serait peut-être ruiné par leur restitution, attendu que, se croyant propriétaire, il a augmenté ses dépenses en proportion des revenus qu'il croyait avoir. Il serait victime de son erreur et de la négligence du propriétaire qui l'a laissé en possession pendant un certain temps.

La raison de la règle montre qu'il ne s'agit que des *fruits perçus,* car un bon père de famille ne peut pas compter sur les fruits tant qu'ils ne sont pas encore récoltés.

Le possesseur de bonne foi est celui qui se croit propriétaire.

Mais la loi ne se contente pas d'une croyance

sans fondement, il faut qu'elle s'appuie sur un fait rendant l'erreur excusable.

Ce fait, c'est *un titre*, fait juridique de nature à transférer la propriété :

Vente,

Legs,

Échange.

Et qui ne l'a pas transférée à raison d'un vice, le plus souvent à raison de ce qu'il n'émane pas du *vrai propriétaire*.

Exemple : J'ai acheté de Pierre le champ de Paul.

Accession sur ce qui s'incorpore à la chose en matière immobilière.

Art. 551-564.

Plantations et constructions. Le principe est que le propriétaire du sol est propriétaire du dessus et du dessous.

D'où l'on conclut que les plantations et constructions faites sur le sol lui appartiennent et sont censées avoir été faites à ses frais.

Quand elles ont été faites par un autre, c'est-à-dire par un possesseur, il faut distinguer selon que ce possesseur est de bonne ou de mauvaise foi.

Possesseur de mauvaise foi. Il peut être forcé

à enlever les plantations ou constructions, et à remettre les choses en bon état, à moins que le possesseur ne veuille conserver ce qui a été fait; mais alors celui-ci doit payer la valeur des matériaux et le prix de la main-d'œuvre.

Possesseur de bonne foi. Le propriétaire ne peut pas demander la destruction, il a le choix de payer la dépense faite, ou le montant de l'augmentation de valeur du fonds.

Voisinage des cours d'eau. *Alluvion. Iles.* (V. art. 556, 559-561.)

Changement du lit du cours d'eau. (V. art. 563.)

Dérogation à l'article 552 : Le principe que la propriété du sol emporte celle du dessous a reçu une exception par la loi du 21 avril 1810 sur les **mines.**

Les mines ne sont exploitées qu'en vertu d'une concession du Gouvernement.

La concession peut être faite indifféremment au profit du propriétaire du sol ou d'un autre.

Le Gouvernement devant rechercher, dans un intérêt social, qui exploitera le mieux la mine à raison de sa capacité et de ses ressources financières.

Quand la mine est concédée, elle devient un *immeuble distinct de la surface,* même si elle a été concédée au propriétaire du sol.

Accession relativement aux meubles.
Art. 565-577.

Le Code subordonne les solutions à l'équité naturelle et ne traite certaines espèces que pour servir d'exemples aux juges.

Adjonction. Union de deux choses en un tout. Le tout appartient au propriétaire de la chose principale, sauf à indemniser l'autre propriétaire.

A quoi l'on reconnaît la chose principale. (V. art. 567-569).

Spécification. Confection d'un objet avec une matière première.

Difficulté sur la propriété quand la matière n'appartient pas au *spécificateur*.

Les Romains distinguaient si la chose pouvait ou non reprendre sa forme :

 Statue en métal,

 Statue en marbre.

Le Code abandonne cette distinction. Son principe paraît être que la matière est le principal, et que son propriétaire garde la chose en remboursant le prix de la main-d'œuvre.

Mais il déroge à sa règle quand la main-d'œuvre est d'une grande valeur.

Exemple : Objets d'art.

Mélange. Union de deux choses qui se confondent l'une dans l'autre, sans qu'il y ait un travail donnant une forme.

Exemple : Liquides, métaux en lingots, blé.

On sépare les matières si l'on peut.

Sinon la masse est *commune,* et on la vend aux enchères (*licitation*).

Exception à ces deux règles, art. 574.

USUFRUIT

Usufruit. Droit d'user et de jouir de la chose d'autrui, à charge d'en conserver la substance.

La définition du Code comprend le droit d'usage dans le droit de jouissance.

La *substance* est la qualité essentielle de la chose, son caractère distinctif.

L'obligation de conserver la substance consiste en ce que l'usufruitier ne peut pas défricher une forêt, mettre un étang en culture, démolir une maison.

L'usufruit est un droit réel, par conséquent opposable à tous, suivant le bien en quelque main qu'il passe.

L'usufruit peut être *légal :*

1ⁿ Usufruit des pères et mères sur les biens des enfants mineurs de dix-huit ans (art. 384);

2ᵉ Usufruit des pères et mères après la mort de leurs enfants sur le quart des biens auxquels ils ne succèdent pas (art. 754).

3° Usufruit du conjoint survivant sur les biens du conjoint prédécédé. (L. du 9 mars 1891.)

L'usufruit peut être établi par la *volonté de l'homme,* c'est-à-dire du *propriétaire :*

Donation,
Vente,
Échange,
Legs.

Quelquefois la constitution est indirecte, quand le propriétaire aliène la chose en se réservant l'usufruit.

DROITS DE L'USUFRUITIER.

Il a deux droits :
1° *User* (se servir);
2° *Jouir* (percevoir les fruits).

Droit de jouissance.
Art. 582-586.

Il **a** droit à la *propriété des fruits,* et non pas seulement le droit de jouir de ces fruits.

Fruits. Produits *ordinaires* de la chose qui sont habituellement *périodiques.*

Le mot *produit* est plus large et comprend tout ce qu'on peut retirer, même *extraordinairement,* de la chose, et qui, ne renaissant pas, n'a pas le caractère *habituel.* Exemple : Pierres à extraire d'un champ.

L'usufruitier n'a droit qu'aux *fruits,* et non pas

aux produits extraordinaires, car en les prenant il détruirait la chose.

Les fruits ne sont pas toujours physiquement engendrés par la chose comme les récoltes.

Il y a une production *fictive*, des fruits qu'on appelle *civils*, c'est-à-dire *fictifs*.

Division des fruits :

Fruits naturels,
Fruits industriels,
Fruits civils.

Les deux premières classes se confondent en ce sens qu'elles sont soumises aux mêmes règles de droit,

Les fruits **naturels** sont le produit spontané de la terre et des animaux (petits des animaux, foins, bois, lait, fumier).

Les fruits **industriels** sont naturels en ce sens qu'ils sont produits physiquement par la chose; mais leur production suppose un travail de l'homme (vignes, blé, légumes).

Les fruits **civils** ne sont pas des fruits proprement dits, ce sont des revenus qu'un propriétaire perçoit à l'occasion de sa chose quand, par un contrat, il en a laissé la jouissance temporaire à autrui :

Loyers des maisons,

Fermages,

Intérêts et arrérages.

Intérêt de la distinction entre les fruits naturels et industriels d'un côté, et les fruits civils de l'autre.

Les fruits naturels et industriels sont acquis à l'usufruitier quand *il les perçoit,* quand il fait la récolte, par exemple.

Si, l'usufruit commençant au mois de juillet, il existe une récolte sur pied, l'usufruitier en profitera quand même son usufruit cesserait en août, après la récolte.

Si l'usufruit cesse en juin, avant la récolte, l'usu- fruitier n'en profitera pas, quoiqu'il ait fait tous les travaux, et que son usufruit eût peut-être duré dix ou onze mois sur la dernière année.

Les fruits civils, au contraire, appartiennent à l'usufruitier en proportion du temps qu'a duré l'usu- fruit.

Ce que le Code exprime en disant qu'ils sont répu- tés s'acquérir jour par jour.

L'usufruit cessant au cours d'une année, l'usu- fruitier aura autant de 365es des fruits que l'usufruit aura duré de jours pendant cette année.

Droits de l'usufruitier sur les diverses natures de biens.

1° Choses qui se consomment par l'usage (art. 587). Vin, blé, argent.

Il est impossible d'user ou de jouir de ces choses sans les détruire ou les aliéner, c'est-à-dire sans faire un acte de disposition (*abuti*).

Donc pour que l'usufruitier retire quelque avantage de son droit, il faut le dénaturer et en faire un droit de *propriété*.

Alors il pourra boire le vin, manger le blé et dépenser l'argent.

Mais pour que la nue propriété ne soit pas illusoire, il faudra qu'à l'époque où doit finir un usufruit, l'usufruitier rende une pareille quantité de vin, de blé ou d'argent.

De cette combinaison résulte le *quasi-usufruit;* le quasi-usufruitier devient *propriétaire et débiteur* de la chose, et le nu propriétaire n'est qu'un *créancier*.

2° Choses qui se détruisent par l'usage (art. 589). L'usufruitier n'est pas responsable des détériorations produites par l'usage normal et soigneux de la chose. Il rendra du vieux linge, de vieux meubles, tels qu'ils seront après qu'il s'en sera servi. Il ne serait responsable que des détériorations provenant de sa faute.

Ces objets sont généralement des *meubles corporels;* à l'exception des animaux, ils ne produisent pas de fruits naturels.

L'usufruitier ne pourra donc que *s'en servir,* son droit sera réduit à l'*usage.*

Car il ne pourra pas habituellement leur faire produire des *fruits civils.*

Pour cela il faudrait les louer, et la location des meubles est une cause de destruction. Les propriétaires soigneux n'ont pas l'habitude de les louer, l'usufruitier qui doit jouir en bon père de famille ne saurait avoir ce droit.

A moins que celui qui a constitué l'usufruit n'ait donné aux meubles cette destination. *Exemple :* cabinet de lecture; loueur de chevaux, de voitures, d'habillements.

3° Créances, rentes, actions (art. 588). L'usufruitier de ces divers droits touchera les intérêts des créances si elles en produisent, les dividendes des actions, et les arrérages des rentes perpétuelles ou viagères.

La loi s'est expliquée sur les rentes viagères sur lesquelles des difficultés s'étaient élevées autrefois.

La rente viagère produit, en effet, des arrérages

supérieurs à l'intérêt ordinaire des capitaux, parce que le capital est perdu à la mort de la personne sur la tête de laquelle elle est constituée.

Si la rente est constituée sur la tête d'une personne de soixante ans, les arrérages sont de 10 ou 12 p. 100. C'est qu'en réalité le débiteur rend chaque année, outre les 5 p. 100 ordinaires, une petite fraction du capital; on aurait pu comprendre que l'usufruitier de la rente viagère fût obligé de *restituer* cet excédent.

Le Code décide qu'il n'en sera pas ainsi : il traite la totalité des arrérages comme le fruit du droit de rente.

4° **Bois et arbres** (art. 590-594). Le droit dépend de la destination des bois.

Taillis, bois destinés à être coupés périodiquement et assez jeunes.

Futaies, bois composés de grands arbres ayant ordinairement de cinquante à soixante ans.

Toutes les coupes de *taillis* sont des *fruits,* puisque ce sont des produits habituels et périodiques.

Une *futaie* n'est pas destinée habituellement à être coupée périodiquement; donc les coupes, si l'on en fait, sont des *produits extraordinaires,* mais non des fruits.

Quelquefois la futaie est destinée par le propriétaire à des coupes périodiques (coupes réglées). Ces coupes deviennent alors des fruits.

L'usufruitier a droit aux coupes qui sont des fruits, mais il doit observer l'*aménagement,* c'est-à-dire le règlement fait à l'avance par le propriétaire de l'ordre, de l'âge et de la contenance des coupes.

A défaut d'aménagement, il doit respecter l'usage des anciens propriétaires ou l'usage du pays.

Les coupes de bois sont des fruits naturels; l'usufruitier, par conséquent, ne les acquiert que par la perception; s'il meurt sans les avoir faites, il n'y a pas droit.

Si, au contraire, il les a faites prématurément, il doit une indemnité au propriétaire qui trouve sur son fonds un bois de deux ans, par exemple, au lieu d'un bois de dix-huit ou dix-neuf ans qu'il devrait trouver.

Sur les futaies non en coupes réglées, l'usufruitier ne peut prendre que des arbres pour réparer les bâtiments du domaine, les échalas pour les vignes, ou les quelques fruits que produisent les arbres forestiers :

Glands,

Faînes (fruit du **hêtre**),

Liége.

Arbres fruitiers. L'usufruitier a droit aux fruits; il peut profiter du bois des arbres cassés par accident, à la charge de les remplacer.

Carrières et mines (art. 598). *Carrières.* Les pierres ne sont pas le produit habituel et périodique d'un champ; donc ce ne sont pas, en principe, des fruits.

Cependant si le champ était déjà exploité en carrière quand l'usufruit a commencé, on peut dire qu'il ne s'agit plus de l'usufruit d'un champ, mais de l'usufruit d'une carrière. Les pierres peuvent être considérées comme un produit habituel, donc comme un fruit. Elles appartiennent à l'usufruitier.

Mines. Le Code avait donné la même règle que pour les carrières, mais cette règle n'est plus applicable, depuis la loi de 1810 sur les mines.

La mine est maintenant un immeuble distinct; donc, alors même qu'elle est ouverte avant le commencement de l'usufruit, l'usufruitier n'a pas droit à ses produits, car l'usufruit du sol ne saurait comprendre l'usufruit du dessous qui est un autre immeuble.

Le concessionnaire de la mine pourrait lui donner l'usufruit de la mine, mais ce droit serait indépendant de l'usufruit du dessus, c'est-à-dire du sol.

Cession du droit d'usufruit, baux des biens soumis à l'usufruit.

Art. 595.

L'usufruitier peut ne pas jouir par lui-même.

1° En cédant son droit par :

Vente,

Échange,

Donation.

Le cessionnaire acquiert le droit réel d'usufruit, mais la durée ne change pas, elle reste subordonnée à la vie de l'usufruitier originaire. Celui-ci, en effet, n'a pas pu céder plus de droit qu'il n'en avait et placer, par exemple, l'usufruit sur une tête de vingt ans quand il en a quatre-vingts.

2° En louant ou affermant les biens.

Il s'agit surtout des immeubles; car nous avons vu plus haut que les meubles peuvent être rarement loués par l'usufruitier.

Le bail fait par l'usufruitier s'exécute même après sa mort, parce que s'il devait finir à cette époque incertaine, il serait bien difficile de trouver des locataires ou surtout des fermiers. Seulement, après la mort de l'usufruitier, le nu propriétaire succède aux droits qui appartenaient à celui-ci comme bailleur.

Mais l'usufruitier ne peut pas paralyser le droit

de propriété en faisant des baux très-longs qui obligeraient le propriétaire après la fin de l'usufruit. Tant que dure l'usufruit, l'usufruitier est lié par les baux qu'il a faits, quelle qu'en soit la durée. Mais, en tant qu'il oblige le nu propriétaire, il ne peut faire que des baux de neuf ans. (V. art. 1429, 1430.)

S'il a fait un bail plus long, on le décompose en périodes de neuf ans, et, quand finit l'usufruit, le propriétaire n'est lié que pour la fin de la période de neuf ans dans laquelle on se trouve.

De plus, pour que l'usufruitier puisse prendre ses précautions afin de ne jamais manquer de locataires et de fermiers, il a le droit de renouveler les baux trois ans d'avance pour les fermes et deux ans d'avance pour les maisons.

Travaux faits par l'usufruitier.
Art. 599.

Il peut en faire, pourvu qu'il ne change pas la substance de la chose.

Mais comme il ne peut pas imposer au propriétaire des dépenses, il n'a pas droit à une indemnité pour les améliorations qu'il a faites :

Engrais,
Défrichement,
Parquets.

On discute le point de savoir si des *constructions* constituent des améliorations ne donnant pas lieu à indemnité ; la jurisprudence décide en ce sens, en donnant au mot amélioration son sens le plus large.

On peut, au contraire, appliquer l'art. 555 et traiter l'usufruitier comme le possesseur de mauvaise foi qui a le droit d'enlever les matériaux des constructions, à moins que le propriétaire ne lui paie leur valeur et le prix de la main-d'œuvre.

OBLIGATIONS DE L'USUFRUITIER.

Les obligations de l'usufruitier se résument ainsi : *jouir en bon père de famille* et *restituer* la chose à la fin de l'usufruit.

Obligations de l'usufruitier au commencement de sa jouissance.
Art. 600-604.

Pour assurer l'exécution de ces obligations, la loi impose à l'usufruitier certaines *obligations préliminaires,* au moment de son entrée en jouissance :

Inventaire,
État des immeubles,
Caution.

Inventaire. État descriptif et estimatif d'un mobilier. Cet état est rédigé par un notaire.

État des immeubles. Constatation du degré d'entretien des immeubles faite par un expert.

L'inventaire a pour objet d'empêcher l'usufruitier de faire disparaître des objets, et l'état, de l'empêcher de rendre détériorés des biens qu'il a reçus en bon état.

Caution. Personne solvable qui garantit la jouissance régulière de l'usufruitier et la restitution de ce qu'il est tenu de restituer.

L'usufruitier peut être dispensé de donner caution :

Par le titre constitutif de l'usufruit.

Par la loi.

Dispensés légalement : 1° les pères et mères usufruitiers légaux des biens de leurs enfants; leur qualité inspire confiance;

2° Le vendeur ou le donateur avec réserve d'usufruit; puisqu'il a aliéné en conservant la jouissance, il n'est pas probable qu'il ait consenti à donner une garantie spéciale, il a entendu jouir sans autre condition qu'avant l'aliénation.

Si l'usufruitier ne trouve pas de caution, il peut donner un gage (art. 2041), sinon :

On loue les immeubles, ou on les confie à un séquestre, c'est-à-dire un administrateur;

On place les sommes d'argent, et l'usufruitier n'a

droit qu'aux loyers ou fermages des immeubles loués ou aux intérêts des sommes placées.

Quelquefois l'usufruitier sera autorisé à garder en nature des meubles nécessaires à son usage, moyennant qu'il prêtera serment de les restituer (la loi appelle ce serment la *caution juratoire*).

Obligations de l'usufruitier pendant la durée de l'usufruit.

Elles dérivent toutes de ce que l'usufruitier ayant les fruits doit supporter toutes les charges qu'un bon propriétaire supporte sur les fruits :

Certaines réparations,
Contributions,
Entretien d'un troupeau,
Frais de certains procès,
Certaines dettes.

1° **Réparations** (art. 605-607). La loi divise les réparations en deux classes :

Réparations d'entretien,
Grosses réparations.

Les premières sont prévues par un bon propriétaire, elles sont en quelque sorte périodiques, et il y consacre chaque année une partie de ses revenus. C'est une charge des fruits. Les secondes, plus

importantes, ont un caractère imprévu, accidentel.
Elles sont des charges du fonds.

Voir l'article 606 qui énumère les grosses réparations.

Toutes les autres sont réparations d'entretien.

L'usufruitier doit les réparations d'entretien seulement.

Les autres regardent le nu propriétaire en ce sens
qu'il ne peut pas exiger qu'elles soient faites, mais
il n'est pas tenu de les faire. Car il n'est pas tenu de
faire jouir l'usufruitier, mais de le *laisser jouir*. Il
est soumis à un droit réel, et ce genre de droit
n'impose que des abstentions et non des actions. De
même qu'il livre la chose au commencement dans
l'état où elle se trouve (art. 600), de même pendant
la durée de l'usufruit, il la laisse dans l'état où la
mettent les événements fortuits et la vétusté
(art. 607).

2° **Contributions** (art. 608). Charges annuel-
les au profit de l'État, des départements et des
communes.

Autre charge annuelle résultant de l'usage : la
prime d'assurance.

Tout cela se prend habituellement sur les revenus,
donc l'usufruitier doit les supporter.

Il n'en est pas de même des charges extraordinaires (art. 609). *Exemples :* Réquisition imposée par l'ennemi. Indemnité de plus-value au cas de desséchement des marais, ouverture de canaux, construction de digues (art. 20, 30, 38, loi du 16 septembre 1807 sur le desséchement des marais).

Ces charges extraordinaires ne sont pas prises sur les fruits, l'usufruitier ne doit pas les acquitter; mais comme elles diminuent le capital soumis au droit d'usufruit, l'usufruitier doit subir une privation correspondante de la jouissance.

On arrive à ce résultat en faisant payer par l'usufruitier, tant que dure son droit, l'intérêt de la somme payée par le propriétaire.

Ou en faisant payer le capital par l'usufruitier qui le recouvrera sans intérêt, à la fin de l'usufruit, ou enfin en vendant une portion de la propriété.

3° Frais de procès (art. 613) :

Procès sur l'usufruit, frais payés par l'usufruitier,

Procès sur la nue propriété, — par le nu propriétaire,

Procès sur la pleine propriété; intéressent l'un et l'autre, et la charge doit être répartie proportionnellement comme les charges extraordinaires (art. 609).

4° Entretien au complet d'un trou-

peau (art. 616). Un troupeau est un être collectif qui doit toujours durer à cause de la substitution des jeunes têtes aux têtes mortes.

Un bon propriétaire prend sur les petits de l'année (*croît*) la quantité suffisante pour combler les vides.

L'usufruitier doit agir ainsi.

Mais il n'est obligé qu'à utiliser de cette manière le *croît* présent ou futur ; quant au croît des années antérieures, il a été consommé comme fruit, et l'on ne saurait lui en imposer la restitution sans lui infliger une véritable perte.

Quand le troupeau tout entier a péri, il n'y a pas à espérer un croît futur, et il n'y a pas à reconstituer le troupeau, l'usufruit finit.

5° **Dettes de celui qui a constitué l'usufruit** (art. 610-612). L'usufruitier d'un bien déterminé ne doit aucunement les dettes du constituant, car les acheteurs, donataires ou légataires d'une chose déterminée, ne sont jamais tenus des dettes du vendeur, donateur ou testateur.

Les dettes sont la charge de l'ensemble du patrimoine et ne pèsent pas sur un bien distinct.

Cependant l'article 611, après avoir posé ce principe, suppose que l'usufruitier peut être *forcé de payer* les dettes. Cela ne peut se produire qu'à propos des dettes *hypothécaires*.

L'hypothèque est un droit réel qui suit l'immeuble même après l'aliénation. Seulement le détenteur de l'immeuble aliéné ne devient pas débiteur de la dette, mais il peut être contraint à abandonner l'immeuble, ce qui quelquefois l'entraîne à payer la dette pour garder l'immeuble.

L'usufruitier de l'immeuble hypothéqué pourra donc être indirectement forcé de payer la dette pour conserver son usufruit.

Il aura alors un recours contre le véritable débiteur dont il aura payé la dette, et contre le constituant si c'est un vendeur, parce que la vente entraîne obligation de garantie.

Enfin contre le nu propriétaire, il aura un droit en vertu de l'article 609, puisqu'il aura acquitté une charge de la propriété.

L'usufruit peut porter sur un ensemble de biens, surtout quand il est constitué par legs ; il peut être : usufruit *universel* s'il comprend tous les biens du constituant ; *à titre universel,* s'il comprend une fraction des biens, un tiers, un quart ou ce qui légalement revient au même : tous les meubles, tous les immeubles.

Ces usufruitiers doivent *contribuer,* c'est-à-dire participer à la charge des dettes dans une certaine proportion.

Parce qu'étant usufruitiers de tout le patrimoine ou

d'une quote-part, et le patrimoine ne se composant réellement que de l'actif moins le passif (*bona non intelliguntur nisi deducto œre alieno*), ils ne peuvent pas avoir la jouissance complète de l'*actif brut*, mais seulement de l'*actif net*.

Exemple : Le patrimoine se compose de biens valant cent mille francs, il est grevé de cinquante mille francs de dettes. Le patrimoine réel, c'est-à-dire l'actif net, n'est que de cinquante mille, et si on laisse à l'usufruitier la jouissance complète de cent mille francs, on lui laisse plus que le constituant ne lui a donné.

Pour réduire l'usufruitier à la jouissance de l'actif net, il suffit de lui imposer, tant que dure l'usufruit, la charge de l'intérêt de toutes les dettes.

On arrivera à ce résultat par les procédés indiqués à l'article 609.

Le nu propriétaire paiera les dettes, et l'usufruitier lui remboursera les intérêts tant que durera l'usufruit.

Ou bien l'usufruitier avancera les sommes nécessaires pour payer les dettes qui lui seront remboursées sans intérêts à la fin de l'usufruit.

Ou enfin on aliénera des biens pour payer les dettes, ce qui fait que le nu propriétaire en perdra le capital et l'usufruitier la jouissance.

Tout ceci est vrai de l'usufruitier d'une quote-part. Il supportera une demie, un tiers, un quart des intérêts.

Quant à l'usufruitier de tous les meubles ou de tous les immeubles, sa part proportionnelle d'intérêts ne peut pas être déterminée d'avance. Il faudra faire une estimation comparée, 1° de toute la succession, 2' de tous les meubles ou de tous les immeubles ; on transformera ainsi en fractions la part de la succession soumise à l'usufruit, et l'on opérera comme pour un usufruitier de quote-part.

Exemple : Patrimoine, cent mille francs ; usufruit de tous les meubles qui valent trente mille francs ; l'usufruit porte sur trois dixièmes, l'usufruitier supportera trois dixièmes des intérêts.

C'est en vue de cette hypothèse seulement que l'article 612 dit qu'on *estime la valeur du fonds sujet à usufruit.* Dans toutes les autres l'estimation est inutile.

Parmi les *charges* du patrimoine d'une personne décédée se trouvent les legs. Comme ils diminuent le patrimoine, ils diminuent l'usufruit universel ou à titre universel.

Quand ce sont des legs de *rentes viagères* ou de *pension alimentaire,* comme un bon propriétaire les paierait sur ses revenus, ce sont *charges de fruits,* et par conséquent ils sont supportés en tout ou en partie par l'usufruitier universel ou à titre universel de la succession.

Fin de l'usufruit.
Art. 617-624.

L'article 617 énumère cinq causes d'extinction :
    Mort de l'usufruitier,
    Expiration du temps,
    Consolidation,
    Non-usage,
    Perte de la chose.
Il faut ajouter :
    Condition résolutoire,
    Renonciation,
    Abus de jouissance.

Consolidation, réunion de la nue propriété et **de** l'usufruit.

Exemple : L'usufruitier est héritier du nu propriétaire.

Il achète la nue propriété.

Non-usage pendant trente ans.

Condition résolutoire, événement incertain qui d'après le titre doit mettre fin à l'usufruit.

Exemple : Usufruit vendu qui doit s'éteindre si le vendeur a des enfants.

Abus de jouissance, déchéance prononcée en justice parce que l'usufruitier dégrade la chose.

Tempéraments à cette rigueur. Les juges peuvent

ordonner que le nu propriétaire paiera une sorte de loyer à l'usufruitier.

Les créanciers de l'usufruitier peuvent empêcher la déchéance en réparant le dommage et en donnant des garanties, une caution, pour l'avenir.

Renonciation. Comme elle nuit aux créanciers de l'usufruitier, qui ont moins de chance d'être payés, ils peuvent la faire annuler quand leur débiteur est insolvable ou le devient par cette renonci tion.

Observation. Les personnes morales n'ayant pas chance de mourir, l'usufruit qui leur est accordé dure quatre-vingt-dix ans; sans une limite semblable, la nue propriété serait illusoire.

Usage. Habitation.
Art. 625-636.

Usage, droit de se servir d'une chose sans en percevoir les fruits.

Sauf le cas où il s'agit d'un *fonds* de terre; le Code donne alors à l'usage le droit de prendre les fruits nécessaires à ses besoins et à ceux de sa famille.

Cette dérogation aux principes théoriques est inspirée par cette idée que, sans cela, l'usage d'une terre serait un droit inutile.

Habitation, usage d'une maison, droit d'y demeurer avec sa famille, sans droit de louer.

Ces deux droits s'acquièrent comme l'usufruit, sauf qu'il n'y a ni usage légal, ni habitation légale.

Ils s'éteignent comme l'usufruit.

Le dernier article (636) fait un renvoi aux lois spéciales quant aux droits d'usage dans les bois et forêts.

Ces droits :

Prendre du bois,

Faire paître des animaux,

Panage (porcs mangeant le gland), peuvent être perpétuels.

Mais les uns peuvent être rachetés.

Et les autres, ceux qui consistent à prendre du bois, peuvent être éteints en abandonnant une portion de la propriété du fonds. Cette dernière opération s'appelle *cantonnement*.

TITRE QUATRIÈME

—

SERVITUDES

La servitude est un droit qu'a le propriétaire d'un fonds de tirer une certaine utilité du fonds d'autrui, soit en exerçant sur ce fonds une partie des droits attachés à la propriété, soit en empêchant le propriétaire d'exercer lui-même certains droits.

Exemples : Le droit de passer sur la propriété d'autrui, ou d'empêcher le propriétaire de bâtir sur son propre fonds.

Le Code civil a envisagé la servitude comme un droit quand elle l'a comprise dans l'énumération des biens (art. 526).

La définition de l'article 637 envisage la servitude sous le point de vue opposé, du côté de celui qui souffre, quand elle l'appelle une *charge*.

Ce qui est *droit* pour l'un est *charge* pour l'autre. C'est du reste par pure métaphore que le Code a pu représenter la charge comme imposée à un fonds pour l'utilité d'un autre fonds.

Un fonds n'est pas une personne, et par conséquent ne peut pas avoir de droit ni être grevé d'obligation.

En réalité, le droit appartient au propriétaire du fonds qu'on appelle *dominant,* et la charge légale est imposée au propriétaire du fonds *servant.*

Mais ce que l'article 637 a voulu faire comprendre, c'est que le droit n'appartient à l'un qu'en sa qualité de propriétaire de tel fonds, et que la charge ne pèse sur l'autre qu'en sa qualité de propriétaire de tel autre fonds. La servitude active ou passive passe de propriétaire en propriétaire avec la propriété du fonds dominant ou du fonds servant, dont elle est une qualité ou un défaut, comme sa fertilité ou sa stérilité.

De ce que nous venons de dire, il résulte qu'on ne peut pas avoir de servitude sur sa propre chose (*nemini res sua servit*), car le propriétaire, ayant le droit de faire de sa chose tel usage que bon lui semble, n'a pas besoin d'un droit spécial pour en retirer une utilité quelconque, par exemple, pour passer ou pour faire passer des eaux sur son terrain.

Les servitudes se divisent en trois classes :

1° Celles qui dérivent de la *situation naturelle des lieux;*

2° Les servitudés *légales;*

3° Les servitudes établies *par le fait de l'homme.*

La troisième classe comprend seule les vraies servitudes, parce que seules elles constituent des exceptions à l'état normal des propriétés; les autres, existant en vertu de la loi, sont des diminutions régulières et ordinaires du droit de propriété.

Observation. L'expression : servitudes établies par le fait de l'homme, est préférable à celle qu'emploie l'article 639 : servitudes dérivant des conventions entre propriétaires, parce que le mot convention (accord de volonté) ne comprendrait parmi les modes de constitution ni le testament ni la prescription

SERVITUDES QUI DÉRIVENT DE LA SITUATION NATURELLE DES LIEUX.

Art. 640-648.

Servitudes relatives aux eaux.

Le propriétaire d'un fonds inférieur, c'est-à-dire placé au-dessous d'un autre dans un terrain en pente, doit recevoir les eaux qui découlent naturellement du fonds placé plus haut (art. 640).

S'il n'en était pas ainsi, les fonds supérieurs seraient inondés.

Il faut, du reste, que ces eaux aient une origine naturelle : eaux de source, de pluie, neige fondue.

Ce qui exclut les eaux ménagères et les eaux de fabrique.

Il faut, en outre, que ces eaux suivent leur direction naturelle, sans être réunies pour que leur volume soit augmenté.

Exceptions à l'article 640. Voir ci-dessous, lois de 1845 et 1854.

Cours d'eau.

Sources (art. 641-643). Tant que l'eau n'est pas sortie de terre, elle appartient au propriétaire du sol; quand elle sort, elle lui appartient encore. Il peut en user à sa volonté, soit en absorbant toute l'eau, soit en comblant la source, soit en changeant la direction naturelle des eaux, pourvu, dans ce dernier cas, qu'il soit d'accord avec les propriétaires qui les reçoivent.

Quand le cours d'eau est laissé à sa direction naturelle, les propriétaires des fonds inférieurs sont obligés de le recevoir, mais ils n'ont pas le droit d'exiger que ce cours d'eau passe chez eux.

Ils pourraient cependant acquérir ce droit :

1° Par *titre,* c'est-à-dire par une convention avec le propriétaire de la source;

2° Par *prescription,* par une jouissance du cours d'eau pendant trente ans.

Ce délai de trente ans ne peut courir que du jour où le propriétaire inférieur a manifesté la prétention à un droit sur le cours d'eau, en faisant des ouvrages apparents destinés à faciliter la chute et le cours de l'eau dans sa propriété.

Tant qu'il n'a pas fait de tels ouvrages, on peut supposer qu'il reçoit les eaux parce qu'il y est forcé, mais sous le bon plaisir de son voisin, et rien n'annonce chez lui l'*animus domini,* qui est la condition essentielle de la prescription. A partir de ces travaux, l'autre propriétaire est prévenu de l'existence d'une prétention contraire à ses droits, et il peut agir en justice pour interrompre la prescription.

Le propriétaire de la source peut encore être privé du droit de disposer de ses eaux (art. 643) quand elles sont *nécessaires* aux habitants d'une commune ou même d'un village ou d'un hameau.

En ce cas, une indemnité est due au propriétaire de la source, qui subit une sorte d'expropriation.

Fonds bordé par un cours d'eau (art. 644, 1er *alin.*). Le riverain d'un cours d'eau non navigable ni flottable peut employer l'eau à l'irrigation de ses propriétés, mais il ne peut en détourner le cours.

Pour les autres cours d'eau qui sont du domaine

public, les prises d'eau ne sont possibles qu'en vertu de concessions *révocables* du gouvernement.

Fonds traversé par un cours d'eau

(art. 644, 2ᵉ *alin.*). Le propriétaire, si le cours d'eau est non navigable ni flottable, peut faire des irrigations, et même changer le cours de l'eau, en lui faisant faire des sinuosités dans sa propriété, mais à la charge de rendre la rivière à son cours naturel lorsqu'elle sort de ses propriétés.

Dérogations aux règles du Code civil sur les eaux.

I. Loi du 29 avril 1845 sur les **irrigations.** Elle permet : 1° à un propriétaire de faire passer des eaux, sur lesquelles il a des droits, à travers des fonds appartenant à autrui pour l'irrigation de propriétés qui sont séparées des cours d'eau par ces fonds qui ne lui appartiennent pas.

C'est une servitude légale de passage d'eaux, analogue à celle de l'article 682 (passage au cas d'enclave).

Le propriétaire qui en est grevé a droit à une indemnité.

2° Elle admet que ces eaux ainsi détournées de leur cours naturel devront être reçues, moyennant indemnité, par les propriétaires inférieurs au fonds sur lequel a lieu l'irrigation (dérog. à l'art. 640).

3° Par occasion, la loi admet une autre dérogation à l'article 640 à propos du desséchement de fonds submergés.

II. Autre loi sur les **irrigations**, 11 juillet 1847. Elle autorise le riverain qui veut faire des irrigations à appuyer son barrage sur la rive opposée qui ne lui appartient pas. C'est pour le propriétaire de cette rive une servitude légale qui donne lieu à une indemnité.

Ce dernier a, en outre, le droit de profiter du barrage s'il veut lui-même faire des irrigations; il ne devra pas d'indemnité, mais il contribuera pour moitié aux frais d'établissement et d'entretien du barrage.

III. Loi du 10 juin 1854 sur les eaux provenant du **drainage.** Elle déroge à l'article 640 en permettant au propriétaire supérieur de faire passer, moyennant indemnité, dans un fonds inférieur, les eaux qu'il a recueillies dans ses tuyaux de drainage, et qui, par conséquent, ne coulent pas naturellement et sans travail de l'homme.

Bornage.
Art. 646.

Le bornage consiste à fixer, par une plantation de bornes, la limite de deux propriétés pour empêcher des contestations dans l'avenir.

La loi en parle au titre des servitudes parce qu'elle établit une obligation de se soumettre à cette opération, que le propriétaire aurait pu refuser en vertu de son droit absolu.

Clôture.
Art. 647, 648, et loi du 9 juillet 1889.

Se clore, c'est user de son droit de propriété ; il peut donc paraître inutile de constater l'existence du droit de se clore.

Mais le Code a parlé de ce droit parce que, autrefois, certains propriétaires en étaient privés en raison de l'existence des droits de parcours et de vaine pâture.

La *vaine pâture,* c'est le droit de faire paître des animaux sur les terres des particuliers de la commune (*pâture sèche* quand le droit n'existe que sur les terres non ensemencées et ne portant pas de fruits ; *pâture vive* quand le droit existe sur des herbages).

Le *parcours* est le même droit exercé entre habitants de communes différentes. Il est aujourd'hui aboli.

Le droit de vaine pâture est également aboli quand il appartient à la généralité des habitants d'une commune sur la généralité du territoire de la commune.

Toutefois, les droits existant au moment de la promulgation de la loi de 1889 ont pu, sur la réclamation du conseil municipal ou des habitants, être maintenus par le conseil général du département ou le conseil d'État.

Si le droit de vaine pâture appartient à des particuliers, il est maintenu, avec cette réserve qu'il ne peut pas s'exercer sur des prairies naturelles ou artificielles.

Son existence ne prive pas le propriétaire du droit de se clore ni de celui de changer le mode de culture.

Seulement la quantité d'animaux que chaque personne peut faire paître étant réglée d'après l'étendue des terres qu'elle a et qui sont soumises à la vaine pâture, le nombre de têtes diminue proportionnellement quand elle clôt une partie de ses terres et qu'elle les soustrait par là à la vaine pâture.

Observation. La loi de 1889, art. 9, reconnaît

à tout chef de famille domicilié dans la commune,
alors même qu'il n'est ni propriétaire ni fermier
d'une parcelle quelconque des terrains soumis à
la vaine pâture, le droit de faire paître sur ces
terrains un petit nombre d'animaux. Ce droit
constitue plutôt un droit d'usage légal qu'une
servitude, puisqu'il ne profite pas à un fonds mais
à une personne.

SERVITUDES LÉGALES.

Servitudes légales d'utilité publique (art. 650). *Exemples :* Marchepied et chemin
de halage. Chemins que les riverains d'un cours
d'eau navigable ou flottable doivent laisser sur les
bords de la rivière, l'un plus large pour les chevaux (halage), l'autre plus étroit pour les piétons
(marchepied).

Autre exemple : Droit accordé à l'administration
de fouiller un champ pour y trouver de la pierre
destinée aux routes.

**Servitudes légales pour l'utilité
des particuliers** (art. 651, 652). Le Code
civil traite des principales de ces servitudes.

Mitoyennete.

Art. 653-673.

La mitoyenneté est la copropriété d'une clôture entre propriétaires voisins séparés par cette clôture.

Cette copropriété diffère de la copropriété ordinaire, notamment : 1° en ce qu'elle s'établit quelquefois malgré l'un des copropriétaires (art. 661) ; 2° en ce que l'un des copropriétaires ne peut pas la faire cesser en demandant le partage ou la licitation, contrairement à l'article 815.

Murs mitoyens (art. 653, 654). Le mur mitoyen est celui qui appartient à deux propriétaires qu'il sépare. Soit qu'il ait été construit à frais communs, soit qu'ayant été construit par l'un des voisins, il ait été acheté pour moitié par l'autre.

Comme on n'a pas toujours une preuve précise de la construction à frais communs ou de l'achat de mitoyenneté, la loi procède par *présomption*.

De la situation qu'occupe le mur, elle conclut qu'il est mitoyen, quand cette situation fait penser que les deux propriétaires ont un intérêt à son existence.

D'après l'article 653, il y a une *présomption de mitoyenneté* :

1° Du mur séparatif de deux bâtiments, jusqu'à la hauteur du plus bas (l'*héberge*).

Le mur soutient, en effet, les deux édifices.

2° Du mur séparatif de deux cours, de deux jardins, et d'une cour et d'un jardin.

La loi songe aux cours et aux jardins situés ailleurs que dans les champs, là où l'on a l'habitude de se clore dans un intérêt de sécurité et pour se protéger contre les indiscrétions des voisins. Le mur est donc utile aux deux.

3° Toute clôture dans les champs, à moins qu'il n'y ait un seul des héritages en état de clôture (loi du 20 août 1881). Cette loi modifie sur ce point le Code civil, qui ne présumait la mitoyenneté dans les champs que si les deux héritages étaient clos.

Le changement consiste en ce que le mur entre deux héritages non clos dans les champs est présumé mitoyen, tandis qu'il ne l'aurait pas été d'après le Code civil.

Dans ces conditions de situation, le mur est *réputé mitoyen,* mais la *preuve contraire* peut être faite :

1° Par *titres* (mémoires de maçon, acquisition de la propriété exclusive du mur).

2° Par *marques de non-mitoyenneté,* dispositions particulières du mur, au point de vue de sa construction, qui permettent de supposer qu'il appartient exclusivement à un des deux voisins.

Ainsi le sommet du mur a un côté perpendiculaire au sol, et l'autre présente un plan incliné.

Ou le *chaperon*, c'est-à-dire le toit du mur, est disposé de la même façon.

Dans ces deux cas, l'*égout* du mur est d'un seul côté; or, si le mur avait été commun, le propriétaire d'un des côtés n'aurait pas consenti à recevoir toutes les eaux du mur. Il est donc probable que celui-ci est le vrai propriétaire du mur.

Autres signes : *filets*, saillies régnant le long du mur et destinées à rejeter l'eau pluviale pour qu'elle ne s'infiltre pas dans le mur.

La présomption a le même fondement que la précédente.

Corbeaux, grosses pierres ressortant du mur et destinées à supporter des poutres.

S'il n'en existe que d'un seul côté, cela fait présumer que le mur n'est pas mitoyen, car s'il avait été commun, chacun des voisins aurait voulu s'assurer la facilité de bâtir plus tard contre le mur.

Conséquences de la mitoyenneté d'un mur. *Obligation de réparer.* Elle pèse sur tous les copropriétaires du mur; mais comme elle est la conséquence de la copropriété, chacun d'eux peut s'y soustraire en abandonnant son droit (art. 655).

Cet abandon ne peut être fait par un propriétaire quand le mur lui est utile parce qu'il soutient son bâtiment (art. 656).

Droits des copropriétaires (art. 657-659, 662). Chacun d'eux peut appuyer une construction sur le mur mitoyen; c'est le principal avantage de la mitoyenneté.

Pour bâtir, le copropriétaire aura besoin de placer des poutres dans le mur, et il peut les faire pénétrer presque dans toute l'épaisseur du mur (moins 54 millimètres), ce qui prouve qu'il a un droit de propriété sur toutes les parties du mur, et non pas seulement sur la partie qui est de son côté jusqu'à la ligne qui séparerait le mur en deux moitiés dans le sens de la longueur.

Le mur mitoyen est *un,* il ne se compose pas de deux murs juxtaposés et appartenant séparément aux deux propriétaires voisins.

Dans un cas seulement, le propriétaire ne pourra pas faire pénétrer sa poutre au delà de la moitié, c'est lorsque l'autre propriétaire aura besoin de placer une poutre exactement au même endroit.

Chaque copropriétaire peut exhausser le mur mitoyen pour élever son bâtiment, à la condition :

1° De payer la dépense d'exhaussement;

2° De payer à l'autre propriétaire une indemnité

de surcharge, l'ancien mur pouvant se détériorer plus facilement, puisqu'il portera un poids plus lourd;

3° D'entretenir à ses frais la partie exhaussée, dont il reste d'ailleurs seul propriétaire.

Pour exercer les droits de construction et d'exhaussement qui lui appartiennent, le copropriétaire doit s'entendre préalablement avec son copropriétaire, ou à son refus, faire régler par experts la manière de faire les travaux.

Acquisition forcée de la mitoyenneté (art. 660, 661). Tout propriétaire joignant un mur non mitoyen peut exiger la cession de la mitoyenneté soit de tout le mur, soit d'une partie de ce mur, en hauteur ou en longueur. C'est une servitude légale résultant du voisinage qui pèse sur le propriétaire exclusif du mur (art. 661).

Cette cession est subordonnée au paiement d'une indemnité représentant la valeur de la partie cédée, et la moitié de la valeur du sol.

La même servitude grève le propriétaire de la partie exhaussée d'un mur mitoyen; il devra céder la mitoyenneté de la partie exhaussée, seulement l'acquéreur doit payer la moitié de la dépense, et non la moitié de la valeur (art. 660). La loi n'a pas voulu qu'un propriétaire pût refuser de construire le mur a frais communs, pour acheter ensuite la mitoyenneté à meilleur compte.

Obligation de se clore dans les villes et dans les faubourgs (art. 663). A propos de la mitoyenneté des murs, la loi établit une servitude légale fondée sur la nécessité de séparer les propriétés dans les localités où existe une grande agglomération d'habitations.

La sûreté des personnes y est plus menacée, et les contestations entre les habitants plus fréquentes.

De là découle pour les propriétaires le droit de contraindre leur voisin à construire à frais communs, puis à réparer un mur de séparation, qui sera mitoyen (art. 663).

Cette obligation paraît avoir pour conséquence que, dans les villes et dans les faubourgs, l'article 656, qui permet l'abandon de la mitoyenneté, n'est pas applicable ; cependant la jurisprudence considère le droit d'abandon comme existant malgré l'article 663.

Mitoyenneté en matière rurale (art. 666-670, amendés par la loi du 20 août 1881). Toute clôture dans les champs (haie vive ou sèche, palissade, treillage, claire-voie, fossé) est réputée mitoyenne, à moins qu'il n'y ait qu'un seul héritage en état de clôture, parce qu'on suppose que le propriétaire qui s'est clos a eu un intérêt à faire sa clôture entière, même à ses propres frais.

L'expression large de l'article 666 comprend même les murs et déroge par là à l'article 653.

La présomption de mitoyenneté des clôtures rurales peut être détruite par : 1° un titre ; 2° la prescription ; 3° une marque de non-mitoyenneté.

Le Code n'indique pas de marques de non-mitoyenneté, si ce n'est pour les fossés.

La marque consiste dans le fait que la terre retirée du fossé aura été rejetée ou déposée d'un seul côté, ce qui fait supposer que le fossé n'est pas commun, car alors la charge de cette terre rejetée aurait été partagée entre les deux propriétaires.

Il n'y a pas de cession forcée de la mitoyenneté en matière de haies et de fossés.

Dispositions particulières sur les arbres plantés près de la ligne séparative de deux fonds. Voy. articles 671, 673, amendés par la loi du 20 août 1881.

Appendice sur les maisons dont la propriété est divisée par étages entre plusieurs propriétaires.

Art. 664.

Cette copropriété a un des caractères de la mitoyenneté. C'est une indivision dont les propriétaires n'ont pas le droit de sortir par une demande en partage ou en licitation, contrairement à l'article 815.

Mais elle diffère de la mitoyenneté : 1° en ce qu'elle ne peut être acquise par une personne malgré le propriétaire, contrairement à l'article 661.

2° En ce que chacun des copropriétaires use et jouit de sa part distincte (son étage) sans avoir le droit d'user et de jouir des parts des autres.

Quelques parties de la maison, comme la porte, l'escalier, les gros murs, le toit, servent indivisément à tous les propriétaires.

L'article 664 règle la contribution des divers propriétaires aux réparations, en s'inspirant de cette idée, que chacun doit payer les réparations des parties de l'immeuble dont il se sert.

13

Vues sur la propriété du voisin.
Art. 657-680.

Il s'agit dans ces articles des *ouvertures* en général, ce qui comprend les *fenêtres* ou vues et les simples *jours* par lesquels on ne pourrait pas regarder chez le voisin.

Le droit d'avoir des ouvertures quelconques dans un mur est la conséquence de la propriété de ce mur.

Seulement ce droit est soumis à des restrictions : 1° quand le mur est mitoyen; 2° quand le mur non mitoyen est trop près de la propriété du voisin.

Ce sont ces restrictions qui constituent la servitude légale relative aux jours et vues; elle pèse sur le propriétaire du mur, qui ne peut pas pratiquer des ouvertures comme il l'entend.

Ouvertures dans le mur mitoyen. Les copropriétaires du mur ne peuvent y pratiquer aucune ouverture.

Ils doivent, en effet, user également de la chose commune, et si l'un d'eux ouvre un jour dans un endroit pour éclairer son appartement, il serait impossible à l'autre d'en faire autant au même endroit.

Ouvertures dans les murs non mi-

toyens. 1° *Murs placés à la ligne séparative des deux fonds :* il ne peut y être pratiqué de fenêtres, mais le propriétaire du mur peut y ouvrir des *jours* servant seulement à éclairer, sans qu'ils puissent donner le moyen de voir chez le voisin ou de jeter chez lui quelque chose.

Pour qu'elles aient ce caractère, les ouvertures doivent être à *verre dormant* (ne pouvant pas s'ouvrir) et à *fer maillé* (munies d'un grillage à mailles d'un décimètre au plus).

De plus, ces ouvertures doivent être placées assez haut au-dessus du plancher de l'appartement, pour qu'on ne puisse pas facilement voir chez le voisin (huit pieds au rez-de-chaussée, et six pieds dans les étages supérieurs).

2° *Murs distants de la ligne séparative des héritages.* Quand le mur est à une assez grande distance de la ligne séparative, il peut y être pratiqué toute sorte d'ouvertures ; à une distance moindre, les jours sont traités comme lorsque le mur sépare les deux propriétés.

La distance légale varie suivant que la vue est *droite* ou *oblique.*

Vue droite. Vue pratiquée dans un mur parallèle à la ligne séparative des héritages.

Vue oblique. Vue pratiquée dans un mur perpendiculaire à la ligne séparative.

Il est entendu que les mots parallèle et perpendiculaire ne doivent pas être pris dans leur sens strictement géométrique. Les tribunaux auront à apprécier si la ligne du mur se rapproche plus de la ligne parallèle que de la ligne perpendiculaire, ou réciproquement.

Les vues droites ne peuvent être ouvertes que dans un mur situé à six pieds au moins de la ligne séparative.

Pour les vues obliques, il faut qu'il existe une distance de deux pieds entre la ligne séparative et le bord de la fenêtre le plus rapproché de cette ligne.

Observation. Quand les fenêtres ont été ouvertes plus près de la ligne séparative qu'il n'est permis, si les choses durent ainsi pendant trente ans, le propriétaire du mur prescrit le droit de les conserver, et il a alors acquis par prescription une servitude du fait de l'homme.

Servitude légale de passage.

(Art. **682-685** amendés par la loi du 20 août 1881.)

Elle existe au cas d'*enclave,* c'est-à-dire quand un fonds est entouré par d'autres fonds de telle sorte qu'il n'a pas d'issue sur la voie publique, ou n'a qu'une issue insuffisante pour son exploitation.

Il est d'intérêt public que ce fonds acquière une issue, car il ne peut être ni cultivé ni habité s'il en est privé, et il ne peut être exploité si l'issue est insuffisante (trop étroite ou trop escarpée pour des voitures).

Le fonds peut être séparé de la voie publique par suite de circonstances diverses :

1° Le propriétaire peut avoir vendu la partie du terrain qui communiquait avec la voie publique ;

2° Ou bien, on a partagé le fonds, et certains lots sont séparés de la route par les autres lots ;

3° Ou bien un *accident naturel* (éboulement, changement du lit d'une rivière) peut avoir supprimé la communication avec la route ;

4° La voie publique peut avoir été déplacée par l'autorité administrative ;

5° Enfin, on aura construit **un** canal coupant la communication avec la route.

Dans les deux premiers cas, le passage ne peut être réclamé que sur les anciennes parties du fonds qui sont contiguës à la route.

Dans les trois autres cas, le passage sera pris du côté où le trajet sera le plus court, ou le moins dommageable.

Dans tous les cas, une indemnité est due au propriétaire grevé du passage.

Mais le droit à cette indemnité pourra être éteint par la prescription de trente ans.

SERVITUDES ÉTABLIES PAR LE FAIT DE L'HOMME

Quels droits peuvent être constitués comme servitudes du fait de l'homme.

Art. 686.

La volonté d'un propriétaire qui grève son fonds d'une servitude est libre, en principe, sous la restriction ordinaire de ne rien faire qui soit contraire à l'ordre public.

Mais, en outre, le Code impose deux conditions à l'établissement d'une servitude ; il faut :

1° Que les services établis *ne soient pas imposés à la personne ;*

2° Qu'ils ne soient pas établis *en faveur de la personne.*

Ces deux règles sont la conséquence des idées générales sur la nature des servitudes.

1° *Services imposés à la personne.* Le droit de servitude, étant un droit réel, ne peut imposer à celui qui en est grevé qu'une abstention et non un fait. (*Cogi potest ad patiendum, non ad faciendum.*)

La servitude est le droit d'user dans une certaine limite de la chose d'autrui ; si le propriétaire du fonds servant doit faire un certain travail, le droit du propriétaire du fonds dominant ne consiste plus à user du fonds servant.

Exemple : L'article interdit à un propriétaire de promettre, *à titre de servitude,* de labourer le champ voisin, de réparer la maison voisine.

De pareilles promesses sont valables comme constitutives d'*obligation,* parce qu'elles créent une relation de personne à personne, et que le droit ne passe pas de propriétaire en propriétaire avec un fonds dominant et un fonds servant.

La servitude imposée à la personne diminuerait, si elle était valable, la valeur du fonds servant, sans augmenter l'utilité du fonds dominant; c'est pour cela qu'elle est interdite.

De plus, quelques-unes des servitudes *in faciendo* pourraient rappeler les *services féodaux;* mais ce n'est pas la principale raison de la règle, car cette règle existait déjà dans le droit romain.

2° *Services en faveur de la personne.* Il est nécessaire que la servitude profite au fonds dominant, c'est-à-dire, le rende plus productif, plus commode, plus avantageux. Tout droit qui procure une utilité ou un agrément au propriétaire, sans améliorer ou faciliter l'usage de son fonds, ne peut être constitué à titre de servitude.

Exemples : Le droit de se promener dans le jardin voisin, d'y cueillir un fruit, d'y dîner ; le droit de chasser sur la terre du voisin ; le droit d'habiter la maison voisine.

Ces droits ne complètent pas l'usage du fonds prétendu dominant, car celui qui se promène ou qui chasse sur le terrain d'autrui, ou qui habite la maison d'autrui, n'use pas de son propre fonds pendant qu'il accomplit ces actes.

Les raisons qui expliquent la première règle sont communes à celles-ci :

1° Raison économique ;

2° Crainte de la résurrection des droits féodaux.

Observation : Les droits en faveur de la personne peuvent être constitués comme droits d'usage. Ils seront des droits réels sur le fonds grevé, mais ne seront pas attachés à la propriété d'un fonds dominant. Ils s'éteindront par la mort de l'usager, et leur durée limitée explique pourquoi la loi n'a pas défendu de les constituer.

Diverses espèces de servitudes du fait de l'homme.

Art. 688, 689.

Deux divisions des servitudes :

    1° Servitudes continues et discontinues ;

    2° Servitudes apparentes et non apparentes.

Servitudes continues. Celles qui s'exercent sans *intermittence*, parce qu'elles consistent dans le droit d'exiger le maintien d'un certain état soit du fonds dominant, soit du fonds servant.

Exemples : Droit de faire passer ses eaux sur le fonds du voisin, droit de laisser tomber l'eau de son toit sur le fonds du voisin ;

Droit de vue, c'est-à-dire d'avoir une fenêtre dans un mur qui n'est pas séparé de la propriété voisine par la distance légale ;

Droit d'empêcher le voisin de bâtir.

Dans tous ces cas, la servitude s'exerce d'une façon permanente (*toute seule*), ce que le Code exprime en disant que ces servitudes sont exercées sans le fait actuel de l'homme.

Servitudes discontinues. Celles dont l'exercice est nécessairement *intermittent,* parce qu'elles consistent dans le droit de faire des actes sur la propriété d'autrui, actes qui, bien que réitérés, sont cependant séparés par des intervalles de temps.

Exemples : Droit de passage, de puisage, de pacage (droit de faire paître son troupeau sur le fonds d'autrui). '

L'exercice de ces servitudes suppose un fait actuel de l'homme ; c'est pourquoi il est intermittent.

13.

Intérêt de la distinction entre les servitudes continues et discontinues :

> 1° Quant aux modes de constitution (art. 690, 692);
>
> 2° Quant à l'extinction par non-usage (art. 707).

Servitudes apparentes ou non apparentes. Selon qu'elles s'annoncent ou non par des signes extérieurs, comme une porte, une fenêtre, une gouttière.

L'intérêt de la distinction apparaît quant aux modes de constitution (art. 690, 691, 694).

Comment s'établissent les servitudes du fait de l'homme.
Art. 690-695.

Trois modes de constitution :
1° Titre,
2° Prescription,
3° Destination du père de famille.

Titre. Ce mode de constitution est le plus général; il s'applique à toutes les servitudes.

Le titre, c'est un fait juridique de nature à transférer la propriété.

Le plus ordinairement, c'est une convention (*accord de deux volontés*).

Exemples : Vente, échange, partage, donation.
Ce peut être un testament.

Le mot titre n'implique pas qu'il s'agit d'un *acte écrit;* l'écrit n'est exigé que pour la preuve, mais la constitution de la servitude pourrait être prouvée par des moyens légaux autres que l'écrit. Excepté en matière de donation et de testament.

En outre, pour que la servitude constituée par un propriétaire puisse être opposée aux propriétaires successifs qui auraient acheté le fonds grevé, il faut que le titre primitif ait été *transcrit* au bureau du conservateur des hypothèques; ce qui suppose qu'il est écrit, car *transcrire,* c'est copier.

Cette formalité de la *transcription* n'est pas exigée par le Code civil, mais par une loi postérieure (23 mars 1855).

Prescription. La prescription est un mode d'acquérir par la possession continuée pendant un certain temps.

La possession d'une servitude consiste dans son exercice. Donc l'exercice d'une servitude peut, après un certain temps, conférer le droit de servitude à une personne qui ne l'avait pas.

Toutes les servitudes ne peuvent pas être acquises par prescription.

Il n'y a que celles qui sont à la fois *continues* et *apparentes*.

Quand la servitude est *discontinue,* on peut croire que le propriétaire en a souffert l'exercice à titre de tolérance, parce que des faits intermittents ne lui paraissaient pas bien gênants.

Cette tolérance ne peut pas, même après un certain temps, constituer uue reconnaissance du droit.

L'exercice de la servitude *non apparente* ne se manifestant pas extérieurement, le défaut de protestation du propriétaire prétendu servant signifie encore moins qu'il a considéré la servitude comme existante. Il ignorait la prétention de son voisin.

La prescription des servitudes s'accomplit par trente ans de possession.

On s'est toutefois demandé si la prescription ne pouvait pas être acquise par un temps plus court.

D'après les règles générales, en effet, celui qui possède de bonne foi un immeuble, reçu à juste titre d'une personne qui n'en était pas propriétaire, l'acquiert par une prescription de dix ou vingt ans, suivant une distinction exposée à l'article 2265.

On aurait pu admettre cette décision en matière de servitude, quand une personne se serait fait, de bonne foi, constituer une servitude par un titre (une vente, par exemple) émané *a non domino* (d'un autre que le vrai propriétaire); mais le Code civil (art. 690), en fixant le délai de trente ans sans renvoyer d'une manière générale aux règles de la prescription, a écarté en matière de servitude la prescription par dix ou vingt ans.

Destination du père de famille. Deux fonds voisins ont un propriétaire (*père de famille*) commun ; celui-ci a établi un certain mode d'user des deux fonds en vertu duquel il tire de l'un des deux fonds une certaine utilité pour l'usage de l'autre.

Exemples : Il a établi des conduits qui mènent les eaux provenant de l'un des fonds dans l'autre.

Il a appuyé une construction élevée sur un fonds contre le mur de l'autre.

Tant que les deux fonds appartiennent au même propriétaire, il n'existe pas de servitude, *nemini res sua servit;* mais quand les deux fonds cessent d'appartenir à la même personne, il naît une servitude dont le principe se trouve dans la volonté du propriétaire commun qui, en créant l'état de choses, a destiné l'un des fonds à servir à l'autre, et dans l'adhésion de ceux qui ont succédé à son droit de propriété.

Ce mode de constituer les servitudes ne s'applique qu'à celles qui sont *continues et apparentes,* parce qu'il faut que le successeur du père de famille commun n'ait pas pu ignorer la destination que celui-ci avait donnée aux deux fonds.

Dans un cas particulier, le Code (art. 694) exige seulement que la servitude soit apparente ; il ne parle pas de la continuité. On a essayé plusieurs explications pour concilier cet article avec l'article 692. La plus probable est celle-ci : Dans l'article 694, on suppose que l'écrit constatant le contrat qui a séparé les deux fonds (vente ou partage) est représenté par l'une des parties, et qu'il ne contient pas de stipulation contraire à la servitude.

Dans l'article 692 paraphrasé par l'article 693, il n'est pas question du contrat, ce qui fait penser que le titre écrit n'est pas représenté ; ceci étant, la loi est plus exigeante dans ce dernier cas ; elle veut que la servitude soit continue et apparente, exigence qui s'explique parce que rien n'assure qu'il n'avait pas été fait de convention contraire à la servitude.

Comment s'éteignent les servitudes du fait de l'homme.

Art. 703-710.

Le Code énumère trois modes d'extinction :
1° Le changement d'état des choses ;
2° La confusion ;
3° Le non-usage.

Il faut ajouter :

1° La renonciation, c'est-à-dire l'abandon **vo**lontaire du droit par le propriétaire du fonds dominant;

2° L'arrivée du terme ou de la condition, si la servitude a été constituée pour un temps, ou pour finir à l'arrivée d'un événement futur et incertain;

3° La résolution du droit de celui qui **a** constitué la servitude. Lorsque la propriété de ce constituant devait être *résolue* (anéantie) à l'arrivée d'un événement incertain, il n'a pas pu transmettre plus de droit qu'il n'en avait lui-même, et la servitude par lui créée est résolue quand son droit est résolu.

Changement d'état des choses. Lorsqu'un changement dans l'état des immeubles rend impossible l'exercice de la servitude, elle *cesse*.

Exemples :

Ruine ou démolition d'une maison ou d'un mur,

Source qui tarit,

Pré grevé d'un droit de pacage et qui est inondé d'une façon durable.

Dans ces cas, la servitude est plutôt suspendue qu'éteinte.

V. art. 665. Si la maison est reconstruite, les servitudes revivent.

L'article 704 généralise la même idée.

Seulement, pour que la servitude revive, il faut qu'elle ne se soit pas définitivement éteinte par non-usage pendant le temps où l'usage a été impossible, c'est-à-dire qu'il faut qu'il ne se soit pas écoulé trente ans depuis que l'impossibilité a commencé.

Confusion. C'est en général la réunion de deux qualités incompatibles.

Exemple : Celles de créancier et de débiteur.

En matière de servitude, c'est la réunion de la qualité de propriétaire du fonds dominant avec celle de propriétaire du fonds servant.

La servitude ne peut plus exister, puisqu'elle appartiendrait à un propriétaire sur sa propre chose.

Non-usage. Les droits s'éteignent quand ils ne sont pas exercés pendant un certain temps, la loi voyant dans ce défaut d'exercice un abandon du droit ou un aveu que le droit n'existait pas.

Les servitudes s'éteignent par le non-usage, qu'on peut aussi appeler une *prescription extinctive* de la servitude.

Le délai pendant lequel il doit y avoir eu non-usage est de trente ans.

Le point de départ de ce délai varie selon qu'il s'agit de servitudes continues ou de servitudes discontinues.

Non-usage des servitudes discontinues. Leur exercice consiste dans un fait actuel de l'homme ; donc elles cessent d'être exercées lors du dernier fait d'exercice accompli par le propriétaire.

Exemples : La dernière fois qu'il a passé ou puisé. De ce jour commence le délai.

Non-usage des servitudes continues. Ces servitudes sont exercées sans le fait actuel de l'homme ; elles s'exercent d'une façon permanente, et pour qu'elles cessent d'être exercées, il faut qu'il ait été fait quelque acte contraire à la servitude.

Exemple : Les jours qui existaient *jure servitutis* ont été bouchés.

Le non-usage ne commence, et le délai de trente ans ne court qu'à partir de cette époque.

Il n'est pas nécessaire, d'ailleurs, que l'acte contraire à la servitude ait été accompli par le propriétaire du fonds servant qui doit bénéficier de l'extinction du droit ; l'article 707 n'exige pas qu'il ait agi en contradiction du droit de l'autre partie, il traite du non-usage ; or le fait par le propriétaire du fonds dominant de boucher sa fenêtre, a bien pour conséquence une cessation de l'usage du droit d'avoir une vue sur le voisin.

Le non-usage peut être partiel en ce sens qu'on n'aura pas usé la servitude dans toute sa plénitude.

Exemple : On aura fait une fenêtre sans balcon quand on avait le droit d'avoir un balcon. Si l'état de choses a duré trente ans, on aura perdu le droit d'avoir un balcon. C'est ce que le Code appelle la prescription du *mode* de la servitude (c'est-à-dire de sa manière d'être).

Observation. Quand le fonds dominant appartient par indivis à plusieurs propriétaires, l'extinction par non-usage ne se produit pas dans deux cas :

1° Si l'un des propriétaires a usé,

2° Si l'un des propriétaires est mineur ou interdit, la prescription en général ne courant pas contre les mineurs et les interdits (art. 2252).

Dans ces deux cas, il suffit qu'un des propriétaires ait conservé son droit pour que les autres aient conservé le leur, à raison du caractère d'indivisibilité des servitudes qui ne permet pas qu'elles subsistent ou qu'elles s'éteignent par parties.

Effet de la prescription acquisitive de l'immeuble par dix ou vingt ans, au point de vue des servitudes qui le grèvent. Les servitudes peuvent être perdues après un délai inférieur à trente ans, lorsqu'il s'est accompli au profit du possesseur de l'immeuble servant une prescription acquisitive de la propriété par dix ou vingt ans.

Exemple : Un immeuble grevé de servitude est vendu par un autre que son vrai propriétaire, l'acheteur de bonne foi acquiert la propriété par une prescription de dix ou vingt ans (art. 2265). Si pendant sa possession la servitude n'a pas été exercée, l'acheteur a acquis la propriété *complète, libre;* par conséquent la servitude est perdue.

LIVRE TROISIÉME

MANIÈRES D'ACQUÉRIR LA PROPRIÉTÉ ET SES DÉMEMBREMENTS

Généralités.
Manières d'acquérir. — Manières de devenir propriétaire.

Division des manières d'acquérir. —

1° A titre universel,
A titre particulier,
2° A titre gratuit,
A titre onéreux.

Mode d'acquérir à titre universel. — Acquisition d'un patrimoine dans son ensemble, ou d'une fraction arithmétique de cet ensemble.

Exemples : Legs de la totalité d'une succession ou legs de la moitié de cette succession.

Mode d'acquérir à titre particulier. — Acquisition d'objets distincts. détachés d'un patrimoine.

Exemples : achat ou donation d'un cheval, d'une maison.

Importance de la distinction. Celui qui acquiert l'ensemble ou une fraction de l'ensemble d'un patrimoine doit supporter les dettes dans la proportion de ce qu'il y prend.

Celui qui acquiert à titre particulier ne supporte pas les dettes de son *auteur* (celui de qui il tient ses droits).

Mode d'acquérir à titre gratuit. — N'imposant à l'acquéreur aucun sacrifice.

Exemples : Donation, legs.

Mode d'acquérir à titre onéreux. — Imposant à l'acquéreur un sacrifice (*onus,* une charge).

Exemples : Vente, échange.

Importance de la distinction. Les aliénations gratuites sont soumises à des règles spéciales de capacité et de formes ; elles sont de plus exposées à être résolues (anéanties) dans des cas spéciaux : Rapport, réduction, survenance d'enfants.

Énumération des modes d'acquérir.

1° **Succession.** — Acquisition, en vertu de la loi, de tous les droits d'une personne décédée ; ce qui implique une transmission des obligations qui pesaient sur la personne décédée.

2° **Accession.** — V. plus haut, art. 547 et suiv.

3° **Tradition.** —Livraison, c'est-à-dire remise de la chose par le propriétaire aliénateur à celui qui fait l'acquisition.

4° **Occupation.** —Acquisition d'une chose qui n'appartient à personne résultant de la prise de possession de cette chose.

Le Code n'en parle pas, mais il fait allusion à la chasse et à la pêche, qui sont des procédés d'occupation d'animaux libres et, par conséquent, n'appartenant à personne.

5° **La loi.** — Attribution légale de propriété dans des cas rares.

Trésor. — Chose cachée ou enfouie sur laquelle personne ne peut justifier de son droit de propriété.

Le Code attribue la moitié à l'*inventeur,* s'il l'a découverte par hasard;

Et le reste au propriétaire de l'immeuble où le trésor a été trouvé.

Quelques autres attributions légales de propriété : sur les choses retirées du fond de la mer (1/3 à l'inventeur).

Sur les choses provenant de la mer elle-même (coraux), tantôt le 1/3, tantôt le tout à l'inventeur.

Quant aux *choses perdues.* Il n'y a pas de loi les attribuant à l'inventeur

6° Convention.

7° Donation entre-vifs ou testamentaire.

8° Prescription.

Acquisition par la convention.

Convention. — La propriété peut être acquise, d'après le Code civil, par un simple accord de volonté entre l'aliénateur et l'acquéreur (art. 1138); c'est ce que le Code appelle acquisition par l'effet des obligations, parce que toute convention qui produit une obligation de transférer la propriété (*obligation de donner*) entraîne par elle-même la tanslation de propriété.

Pourvu qu'il s'agisse d'un *corps certain* et non pas d'une *quantité* (chose qui n'a pas d'individualité, *exemple* : 1,000 francs, dix sacs de blé).

Quand l'objet de la convention est une quantité, la propriété ne peut être transférée que par la livraison ou **tradition**, événement qui seul précise quelle est la chose, le sac de blé, par exemple, dont le créancier devient propriétaire.

La translation de la propriété par le consentement est une innovation du Code civil (art. 711 et 1138). Dans le Droit romain et dans l'ancien Droit français, la convention créait seulement l'obligation, et la propriété n'était transférée que par des modes spéciaux, particulièrement par la tradition.

Cette translation a lieu dès que *la chose est due*, c'est-à-dire dès le moment de la convention; c'est ainsi qu'on doit entendre les expressions obscures de l'art. 1138 : dès l'instant où la chose a *dû être livrée*.

Application aux meubles de la règle sur la translation des propriétés par la convention. (Art. 1141.) — La transla-

tion des meubles n'est assujettie à aucune formalité de publicité.

Elle se produit sans la tradition.

Néanmoins, la possession des meubles corporels a une importance considérable au cas de deux ventes successives du même meuble par le même vendeur.

Exemple : Pierre vend son cheval à Paul, puis à Jean. Si Jean, second acheteur, a reçu de bonne foi la possession du cheval, il en est propriétaire au détriment de Pierre, premier acheteur.

Cette solution donnée par l'article 1141 ne dément pas le principe. Paul est bien devenu propriétaire par le seul effet de la convention de vente, mais il perd sa propriété quand le vendeur revend et livre la chose à Jean qui est de bonne foi ; c'est l'application de la règle : En fait de meubles, la possession vaut titre. (Art. 2279.)

Il arrive à Paul, propriétaire par un achat, ce qui arriverait à un propriétaire de meuble qui aurait fait un dépôt chez Pierre, si Pierre vendait la chose à un acheteur de bonne foi.

Application aux immeubles de la règle sur la translation de propriété par la convention. (Art. 1140). — La translation de propriété des immeubles résultant de la convention ne produit tous ses effets qu'autant que l'acte constatant cette convention a été **transcrit** (copié entièrement) sur le registre du conservateur des hypothèques dans l'arrondissement duquel est situé l'immeuble.

C'est une mesure de publicité imposée par la loi du 23 mars 1855 sur la transcription (art. 1ᵉʳ).

Il s'agit de protéger les tiers qui pourraient traiter avec l'aliénateur dans l'ignorance de l'aliénation consommée.

Exemple : Pierre a vendu sa maison à Paul, puis il la vend à Jean. Si la translation de propriété résultant du premier contrat produit ses effets, Pierre a vendu la chose d'autrui et n'a pas rendu Jean propriétaire ; celui-ci court grand danger de perdre le prix qu'il a payé sans avoir la chose. —

Le Code civil exposait le second acheteur à ce danger ; puisque la première vente pouvait n'être pas publique. Aujourd'hui, quiconque veut acheter est renseigné au bureau des hypothèques sur le point de savoir si le prétendu propriétaire qui veut lui vendre n'a pas déjà vendu la chose.

La loi, du reste, ne protège pas tous les tiers, mais seulement ceux qui ont acquis des droits sur la chose et qui les ont conservés conformément aux lois. Ainsi une personne qui se serait emparée de la chose ne pourrait pas repousser la revendication d'un acheteur qui n'aurait pas fait faire la transcription.

Historique. — La nécessité de la transcription pour assurer l'effet de la translation de propriété, à l'égard des tiers qui tiennent des droits de l'aliénateur, a été introduite dans notre législation par la loi hypothécaire du 11 brumaire an VII.

Les rédacteurs du Code civil étaient divisés sur l'utilité de cette innovation, et l'article 1140 contient un ajournement de leur décision sur ce point. Ils n'ont d'ailleurs rien décidé formellement; mais la règle de la loi de brumaire, n'ayant pas été reproduite, devait être considérée comme abrogée par le Code.

La loi du 23 mars 1855 a remis en vigueur le système de la loi de brumaire.

APPENDICE

Sur les actes assujettis à la transcription par la loi du 23 mars 1855.

Art. 1-3.

En expliquant les articles 1138 et 1140, nous avons parlé de la transcription des actes de vente; mais la vente n'est pas le seul acte soumis à cette formalité par la loi de 1855. Les articles 1 et 2 de cette loi énumèrent les actes qui doivent être transcrits.

Contrats soumis à la transcription.

1° Tous les *actes entre-vifs* translatifs de propriété immobilière ou de droits réels susceptibles d'hypothèque.

Exemples : Vente. Échange, dation en paiement, mise en société.

La loi ne s'occupe pas des transmissions par décès, qui ont par elles-mêmes une certaine publicité puisque le fait de la mort est notoire.

2° Les *actes constitutifs d'antichrèse* (art. 2085), *de servitudes, d'usage et d'habitation.*

Ces divers droits réels, n'étant pas susceptibles d'hypothèque, n'étaient pas compris dans la première partie de l'article; il a fallu néanmoins les soumettre à la règle de publicité, parce qu'ils diminuent la propriété de l'immeuble, ce qui intéresse les tiers qui voudraient acquérir des droits sur cet immeuble.

Actes de renonciation soumis à la transcription.

Actes de renonciation aux droits réels précédemment énumérés.

Les tiers sont intéressés à connaître l'extinction

d'un droit d'usufruit que l'ancien usufruitier pourrait essayer de céder après y avoir renoncé, et l'extinction d'une servitude qui diminue la propriété de l'immeuble dominant.

Enfin, l'extinction d'un droit d'antichrèse, qui peut être cédé.

Mais il était inutile de soumettre à la publicité la renonciation à un droit d'usage ou d'habitation. Ces droits sont incessibles; il n'y a pas à protéger de futurs acquéreurs, et, quant à l'immeuble grevé, il est amélioré par la renonciation qui, par conséquent, ne ménage aucune surprise fâcheuse à ceux qui voudront l'acquérir.

Jugements soumis à la transcription.

1° Les jugements qui déclarent l'existence d'une convention verbale ayant pour objet les différentes *translations de propriété, constitutions de droits réels ou renonciations* comprises dans la précédente énumération.

L'expression *convention verbale* désigne, dans la pratique et dans la loi de 1855, les actes sous seing privé non enregistrés.

Il comprendrait aussi les conventions qui ne seraient pas constatées par écrit.

2° Les *jugements translatifs de propriété*. Ce sont les *jugements d'adjudication*.

Exemples : Adjudication de biens de mineurs, de successions bénéficiaires ou vacantes.

Adjudication sur saisie.

Adjudication après délaissement (art. 2172).

Adjudication sur surenchère du dixième, sauf le cas où l'adjudicataire est le tiers détenteur qui purge (art. 2089).

Quant aux adjudications sur licitation, elles doivent être transcrites quand l'adjudicataire est un étranger ; mais si c'est un copropriétaire, il n'y a pas lieu à transcrire, parce que l'adjudication est alors *déclarative* et non *translative* de propriété. (Art. 883.)

Observation. — Les jugements qui prononcent la nullité, la rescision ou la résolution d'un acte transcrit ne sont pas transcrits, mais l'avoué qui les a obtenus doit les faire *mentionner en marge de la transcription* de l'acte annulé, rescindé ou résolu.

Cette règle est sanctionnée par une simple amende encourue par l'avoué.

Actes qui n'ont pas pour objet des droits réels, mais qui, intéressant les tiers, sont soumis à la transcription.

1° Les *baux d'une durée de plus de dix-huit ans.* Bien que le bail ne confère pas au preneur un droit réel, cependant il est opposable à l'acquéreur de l'immeuble, quand il a date certaine avant l'acquisition. (Art. 1743.)

La loi de 1855 a voulu que les baux très-longs fussent rendus publics dans l'intérêt de ces acquéreurs.

2° Les *quittances ou cessions de loyers ou fermages non échus* représentant au moins *trois années.*

Les nouveaux acquéreurs de l'immeuble doivent compter qu'ils toucheront les loyers à venir, et ils en seraient privés si le preneur a payé d'avance ou si le bailleur a cédé son droit. La loi de 1855 les protège contre ces actes-là quand ils s'appliquent à des périodes trop longues.

Sanction des règles précédentes.

Art. 3.

L'acte non transcrit n'est pas absolument dénué d'effet, même à l'égard des tiers.

Il en est privé relativement à certaines personnes désignées par l'article.

Personnes qui peuvent opposer le défaut de transcription, en ce sens que l'acte ne produit pas d'effet à leur égard.

Celles qui ont acquis sur l'immeuble, soit du chef du dernier propriétaire, soit du chef des précédents propriétaires, des droits qu'ils ont conservés en se conformant aux lois.

Il s'agit des acquéreurs de la propriété ou d'un droit réel sur l'immeuble, ou des créanciers ayant acquis une hypothèque ou un privilège.

Les acquéreurs de la propriété ou des droits réels se conforment aux lois en faisant transcrire leur titre, et les créanciers hypothécaires en faisant inscrire leur hypothèque.

Exemples : Pierre a vendu le même immeuble, d'abord à Paul, ensuite à Jean. Si Jean fait transcrire avant Paul, il lui sera préféré.

Pierre aura vendu à Paul, puis il aura constitué un usufruit ou une servitude au profit de Jean. Cette constitution produira son effet si elle est transcrite avant la transcription du contrat d'acquisition de Paul.

Une hypothèque existant sur un immeuble vendu frappera l'immeuble entre les mains de l'acheteur, si elle est inscrite avant la transcription de la vente.

L'acquéreur d'un fonds dominant conservera la servitude malgré la renonciation faite par le vendeur antérieurement à la vente, s'il fait transcrire son contrat avant la transcription de la renonciation à l'hypothèque.

Personnes qui ne peuvent pas opposer le défaut de transcription. — 1° Le vendeur (en général l'aliénateur), ses successeurs à titre universel et ses créanciers chirographaires.

La publicité n'est pas exigée dans leur intérêt; il n'en est pas besoin, l'acte a toujours été connu de celui qui l'a fait.

2° Parmi les successeurs particuliers de l'aliénateur, ceux qui n'étaient pas eux-mêmes assujettis à des formalités de publicité, comme un légataire particulier qui n'a pas eu à *conserver ses droits conformément aux lois*.

3° L'ayant cause particulier qui, ayant conservé ses droits, n'aurait pas conservé le droit d'un de ses auteurs.

Espèce. — *Primus* a vendu à *Secundus,* qui n'a pas transcrit, et qui a revendu à *Tertius,* qui a transcrit son propre titre.

Un ayant cause de *Primus,* un créancier hypothécaire, s'inscrit postérieurement à la transcription faite par *Tertius*. Celui-ci ne peut pas l'écarter ; puisque l'acte qui dépouillait *Primus* n'a pas été transcrit, les ayant cause de *Primus* ont eu juste sujet de croire que *Primus* était encore propriétaire.

4° Ceux qui n'ont pas traité avec l'auteur de celui qui invoque un titre non transcrit.

Exemples : Un usurpateur de l'immeuble actionné en revendication, ou un acquéreur *a non domino*.

Ils n'ont pas de droit sur l'immeuble.

Application de l'article 3 aux baux et aux quittances ou cessions. — L'acquéreur d'un immeuble ou le créancier hypothécaire inscrit sur un immeuble refusera de reconnaître un *bail non transcrit* pour tout le temps qui dépassera dix-huit ans.

Les mêmes personnes refuseront de tenir compte d'une quittance ou d'une cession de loyers anticipés pour tout ce qui dépassera trois années.

Donations entre-vifs
ou testamentaires (1).

Deux modes de dispositions à titre gratuit :

1° Donation entre-vifs ;

2° Testament.

Cette énumération limitative implique la prohibition des *donations à cause de mort*, donations qui avaient ce double caractère, d'être révocables à la volonté du donateur et d'être révoquées de plein droit par le prédécès du donataire.

Donations entre-vifs. — Acte gratuit qui dépouille le disposant *actuellement* et *irrévocablement* de tout ou partie de ses biens.

Cet acte est une *convention* (accord de volonté); la loi ne lui a pas donné la qualification de contrat, parce qu'il est soumis à des règles spéciales qui ne sont pas celles du titre des contrats.

Le Code civil commence le titre des donations par des dispositions générales (art. 893-900), qui traitent des substitutions et des conditions impossibles ou contraires aux lois. Ces dispositions ne sont pas comprises dans le nouveau programme, qui indique seulement les articles 939 à 942.

Le dépouillement du donateur peut consister :

1° En une translation de propriété.

2° En une obligation. — *Exemple :* Le donateur promet 10,000 francs payables dans six mois.

3° Dans une *remise de dette* ou abandon d'un droit quelconque.

Le dépouillement doit être *irrévocable,* c'est-à-dire ne pas dépendre de la volonté du donateur.

Pour être irrévocable il faut qu'il soit *actuel,* sinon le donateur pourrait toujours anéantir la donation. *Exemple :* Je donne ma maison, mais j'en conserve la propriété pendant un an. Étant resté propriétaire, je pourrais aliéner la chose, l'acquéreur en deviendrait propriétaire, et le donataire ne la recueillerait pas.

Il n'est pas nécessaire que l'*exécution* soit *actuelle,* pourvu que le droit soit né actuellement. *Exemple :* Je promets 10,000 francs payables dans six mois. je suis devenu débiteur, et il ne dépend pas de moi de détruire mon obligation ; en ce sens je suis dépouillé actuellement.

Le caractère d'irrévocabilité est *essentiel* en ce sens que les parties ne pourraient pas même, par une convention expresse, rendre la donation révocable.

I.   15

Tandis qu'un contrat à titre onéreux, la vente par exemple, peut être stipulé révocable.

Pourquoi la donation est irrévocable. — C'est une règle de droit ancien que les coutumes formulaient ainsi : *Donner et retenir ne vaut.* (On ne peut pas donner et se réserver le droit de reprendre.)

Elle avait une raison d'être particulière qui n'existe plus aujourd'hui. Actuellement elle se jus-tifie par des raisons économiques :

Les donations révocables seraient fréquentes si elles étaient permises, et elles multiplieraient les propriétés incertaines qui sont un danger pour le crédit public, puisqu'elles gênent la circulation des biens, et pour la richesse sociale, puisqu'elles sont un obstacle à l'amélioration des biens.

Testament. — Acte révocable par lequel une personne dispose gratuitement de tout ou partie de ses biens pour le temps où elle n'existera plus. Les dispositions testamentaires portent le nom de *legs*.

Publicité imposée à certaines donations entre-vifs (art. 939-942). — Pour certains biens, ceux qui sont susceptibles d'hypothèques (les immeubles et l'usufruit des immeubles), le consentement ne transfère pas pleinement la propriété, et la transcription est nécessaire.

Transcription. — Copie littérale d'un acte sur le registre du conservateur des hypothèques.

C'est une formalité de publicité, parce que ces registres sont publics ; elle est destinée à prévenir les tiers de l'existence de la donation.

Et si elle n'a pas eu lieu, il en résulte que la donation est sans effet à l'égard de tous ceux qui auraient eu intérêt à la connaître.

Tiers intéressés pouvant demander la nullité de la donation pour défaut de transcription :

1° Ceux qui ont acquis du donateur des droits depuis la donation. *Exemples :* Acheteur, créancier hypothécaire qui ont pu croire que le donateur était encore propriétaire.

2° Les créanciers chirographaires du donateur qui n'ont peut-être pas su que son patrimoine était diminué.

Le donateur ne peut pas se prévaloir du défaut de transcription, car il n'avait pas besoin de la publicité pour savoir qu'il avait donné.

Ses héritiers, d'après les principes généraux, doivent être traités comme lui-même.

Ceux qui étaient chargés de faire faire la transcription ne peuvent pas non plus invoquer une omission dont ils sont coupables.

Exemple : Le tuteur du mineur donataire n'a pas fait faire la transcription, et plus tard il achète du donateur l'immeuble donné à son pupille. La donation reste valable à son égard.

Observations. — La transcription a remplacé l'ancienne formalité de **l'insinuation,** dont elle diffère notamment parce que celle-ci s'appliquait même aux donations de meubles.

La sanction de la règle sur la transcription établie par le Code civil au cas de donation, n'est pas celle qui est organisée par la loi de 1855; il n'est pas nécessaire d'avoir acquis des droits sur l'immeuble pour invoquer l'article 941, il suffit d'être intéressé à la nullité.

PRESCRIPTION ACQUISITIVE

Prescription. — Moyen d'acquérir ou de se libérer par l'expiration d'un certain laps de temps.

Prescription acquisitive. — Moyen d'acquérir qui suppose la possession du bien pendant un temps déterminé.

Prescription libératoire. — Moyen de se libérer par la simple expiration du laps de temps.

Motifs de la prescription. — 1° Mettre un terme à l'incertitude sur l'état réel des fortunes.

L'incertitude de la propriété empêche les améliorations et est un obstacle à la circulation des biens.

L'incertitude de la libération oblige le prétendu débiteur à conserver des fonds pour faire face à des réclamations possibles, et par là empêche les entreprises qu'il pourrait faire pour augmenter sa richesse et, par conséquent, la richesse sociale.

2° Empêcher des procès qui, remontant à une époque trop ancienne, exposeraient la justice à commettre des erreurs regrettables.

DISPOSITIONS GÉNÉRALES.

Art. 2219-2227.

Renonciation à la prescription. — On peut renoncer à la prescription accomplie; on ne peut pas renoncer *d'avance* à la prescription.

La prescription étant appuyée sur des raisons d'intérêt général, il ne peut pas dépendre des parties d'en empêcher le fonctionnement.

La renonciation à une prescription accomplie ne présente pas les mêmes dangers. Son auteur n'est pas contraint à la faire.

Il cède spontanément à un scrupule de conscience.

Cette renonciation peut porter sur une prescription véritablement accomplie, ou sur un commencement de prescription; elle laisse possible une nouvelle prescription partant du jour de la renonciation. Cette double renonciation peut résulter de la reconnaissance d'un droit; c'est alors une *renonciation expresse*.

Renonciation tacite. — Résulte d'un fait qui suppose l'abandon du droit d'opposer la prescription.

Exemple : Un possesseur allègue sa bonne foi pour conserver les fruits perçus.

Quand la partie se défend en niant le droit de l'adversaire, elle ne renonce pas pour cela à la prescription, parce que sa défense n'implique pas une reconnaissance du droit.

Observation. — Quand une partie n'invoque pas devant la justice la prescription accomplie, les juges ne peuvent pas tenir compte de cette prescription.

C'est la conséquence de ce que la prescription est un moyen abandonné à la conscience des parties, et auquel elles peuvent renoncer :

Le possesseur n'est pas seul à pouvoir se prévaloir de la prescription. (Art. 2225.) — D'autres intéressés peuvent faire valoir la prescription : 1° les créanciers de ce débiteur ou possesseur ; 2° d'autres intéressés ayant un droit propre.

1° *Créanciers.* Ils ont intérêt à ce que le patrimoine de leur débiteur ne diminue pas.

Donc s'il *renonce* à la prescription, c'est-à-dire s'il n'a pas encore consommé sa renonciation, mais s'il est en voie de renoncer en plaidant sans invoquer ce moyen, les créanciers peuvent le faire valoir en usant du droit de leur débiteur. (Art. 1166.)

S'il *a renoncé,* il a perdu son droit ; les créanciers ne peuvent plus l'exercer de son chef, mais ils ont le droit de faire annuler la renonciation. (Art. 1167.) Et par une exception, qui n'est pas sans exemple, ils peuvent agir sans prouver que la renonciation a été faite en *fraude* de leurs droits.

2° *Personnes ayant un droit propre.* Celles qui ont reçu du possesseur des droits réels sur l'immeuble prescrit (hypothèques, servitudes, usufruit) ; le possesseur ne peut, par sa renonciation à la prescription, anéantir les droits qu'il a constitués au profit de tiers

Choses qui peuvent être acquises par prescription. — Seulement celles qui sont dans le commerce, c'est-à-dire qui sont susceptibles de propriété privée.

Sont par conséquent imprescriptibles les choses du *domaine public. Exemples :* Les routes, fleuves, ports. (V. art. 538, 540.)

POSSESSION.
Art. 2228-2241.

Il s'agit dans ces articles d'une condition spéciale à la *prescription acquisitive* qui est, en effet, l'acquisition de la propriété par la *possession* continuée pendant un certain temps.

Possession. — Exercice apparent du droit de propriété ou, en élargissant la définition, d'un droit quelconque.

Le propriétaire seul ayant le droit de posséder, il est naturel de supposer que celui qui possède est propriétaire, et quand la possession a duré longtemps, de consolider ou confirmer son droit. C'est l'effet de la prescription.

Caractères nécessaires de la possession à fin de prescrire. — Elle doit être :

1° Continue,
2° Non interrompue,
3° Paisible,
4. Publique,
5° A titre de propriétaire,
6' Non équivoque.

1° *Continue,* c'est-à-dire qu'elle doit se manifes-

ter par des actes assez répétés pour n'être pas inter-
mittente.

Cela dépend, du reste, de la nature de la
chose.

Ainsi la possession d'un champ se manifeste par
des actes de culture assez espacés, tandis que la possession d'une maison résulte d'un fait d'une continuité véritable, l'habitation.

2° *Non interrompue,* c'est-à-dire que les effets
d'une possession réellement continue ne doivent
pas avoir été paralysés par certains actes juridiques
qu'on appelle des interruptions.

Exemple : Une citation en justice. (Art. 2244.)

3° *Paisible.* La possession ne doit pas avoir été
prise ou exercée violemment.

La prescription devient possible quand la violence a cessé.

4° *Publique.* Non clandestine, se manifestant
par des actes de nature à être aperçus par tous.

5° *A titre de propriétaire.* Le possesseur doit se
présenter comme propriétaire, c'est-à-dire prendre
une qualité qui suppose qu'il possède *pour soi* et
non *pour autrui.*

Cette condition constitue l'essence même de la
possession, qui est l'exercice d'un droit *animo
domini.*

L'*animus domini* n'est pas la bonne foi; on peut se

prétendre propriétaire sachant qu'on ne l'est pas, on a la possession et l'on peut prescrire.

6° *Non équivoque*. Les caractères de la possession ne doivent pas être douteux, elle doit réunir d'une manière certaine toutes les conditions exigées.

Exemples d'équivoque : Une personne a fait paître des bestiaux dans une prairie. A-t-elle agi comme propriétaire ou comme ayant droit à une servitude de pacage ?

Un fermier a changé son intention et s'est comporté comme un propriétaire. Il y a équivoque sur son *animus*.

Observation. (Art. 2232.) — Il y a certains actes qui sont déclarés par la loi impuissants à engendrer une prescription. Ce sont des actes sur lesquels on pourrait prétendre appuyer une prescription de servitudes : on les appelle les actes de pure faculté et de simple tolérance.

Actes de pure faculté. — Actes qu'une personne est maîtresse de faire ou de ne pas faire sur sa propriété.

La loi entend qu'en ne les faisant pas pendant un certain temps le propriétaire ne donne pas à autrui le droit de faire obstacle à ce qu'il les fasse.

Exemple : Le propriétaire ne bâtit pas sur son

terrain ; même après trente ans, le voisin n'a pas acquis le droit de l'empêcher de bâtir.

Actes de simple tolérance. — Actes qu'une personne fait sur le fonds d'autrui, sous le bon plaisir du propriétaire, celui-ci ne s'y opposant pas, par esprit de bon voisinage et parce que ces actes ne le gênent pas actuellement. Celui qui a fait ces actes ne peut pas prétendre avoir prescrit le droit de les faire.

Exemple : Pierre a passé trente ans sur le terrain de Paul, il ne peut pas prétendre avoir acquis le droit de passage.

C'est en vertu de cette règle que le titre des servitudes déclare imprescriptibles les servitudes discontinues.

Précarité de la possession.

Art. 2236-2241.

La possession **précaire**, c'est la possession qui n'est pas à titre de propriétaire.

Les détenteurs précaires sont ceux qui détiennent à un titre qui les oblige à restituer.

Exemples : Le fermier, le dépositaire, l'usufruitier.

Le Code, qui a déjà exigé dans l'article 2229 que la possession ne fût pas précaire, revient sur ce point pour établir : 1° que les héritiers et successeurs universels du détenteur précaire, n'ayant pas d'autre droit que les siens, ne peuvent pas prescrire;

2° Que le vice de précarité peut être purgé par un changement dans la nature du titre (*interversion du titre*).

Il ne suffit pas, en effet, que l'intention du possesseur change, car rien ne manifesterait ce changement, et la possession deviendrait *équivoque*.

Interversion du titre. —Événements qui changent la qualité en vertu de laquelle une personne possède.

1° *Contradiction opposée au droit du propriétaire.* Le possesseur, fermier, usufruitier, déclare qu'il n'entend plus posséder pour celui de qui il tenait ses droits.

Exemples : Il envoie un acte d'huissier contenant cette déclaration, ou bien le fermier refuse le paiement des fermages, en s'appuyant sur ce qu'il est propriétaire.

A partir de ces faits, le détenteur a pris ouvertement la qualité de propriétaire, il n'est plus possible de le considérer comme n'ayant pas l'*animus domini*

2° *Cause venant d'un tiers.* Une personne, autre que le véritable propriétaire, donne au détenteur un titre nouveau en lui vendant ou en lui donnant la chose.

Exemple : Le fermier achète de son bailleur l'immeuble qui n'appartient pas à ce bailleur.

Ou bien, Pierre, fermier de Paul, achète de Jean la ferme que Paul lui a donnée à bail.

Il faut du reste supposer que ces actes n'auraient pas été clandestins, car on tomberait d'un vice dans un autre, la clandestinité étant un obstacle à la prescription.

Accession des possessions.
Art. 2235.

Accession des possessions. — Réunion de la possession de deux personnes différentes, pour que le possesseur actuel, qui n'a pas possédé assez longtemps, puisse invoquer une possession d'une plus longue durée, d'où résultera une prescription complète.

Exemple : Pierre a possédé vingt ans; s'il peut cumuler sa possession avec celle de son prédécesseur qui a possédé dix ans, il arrive à la prescription.

Ce cumul n'est possible qu'entre deux personnes dont l'une est l'*ayant cause* de l'autre (*qui habet causam alterius*. C'est-à-dire qui a les droits d'un autre).

Exemples : Ayant cause à titre universel : héritiers ou autres successeurs universels.

Ayant cause à titre particulier : acheteur, donataire, légataire particulier.

Différences entre les diverses classes d'ayants cause. — L'ayant cause universel, n'ayant pas d'autre titre que celui de son auteur, prend la possession telle que celui-ci l'avait, avec ses vices, précarité, clandestinité, violence, et il ne peut pas prescrire si son auteur n'en avait pas le droit. On exprime cette idée en disant que la possession *se continue*.

L'ayant cause particulier a une possession qui lui est propre, exempte des vices qui entachaient celle de l'auteur. Il peut prescrire, par exemple, bien que son auteur eût une possession précaire (art. 2239), mais alors il ne peut compter que le temps de sa possession propre.

Tandis que si la possession de l'auteur n'avait pas de vice, l'ayant cause peut en profiter en *joignant* cette possession à la sienne.

Cette *jonction* est facultative, tandis que la *continuation* est forcée.

CAUSES QUI INTERROMPENT OU QUI SUSPENDENT LE COURS DE LA PRESCRIPTION.

Les obstacles que la prescription peut rencontrer dans son cours sont :

Les interruptions,

Les suspensions.

Les règles sur ces points sont communes à la prescription acquisitive et à la prescription libératoire.

Interruption de la prescription.
Art. 2242-2250.

Interruption de la prescription. — Événement qui arrête la prescription en rendant inutile le temps écoulé, mais sans empêcher la prescription de recommencer à courir à l'instant même.

Exemple : Une prescription court depuis vingt-cinq ans ; survient un acte interruptif. Il faut à partir de cet acte un nouveau délai de trente ans pour arriver à la prescription.

Deux sortes d'interruption :

Interruption naturelle,

Interruption civile.

Interruption naturelle. — Elle ne se produit que dans le cas de prescription acquisitive.

Elle consiste dans le fait que le possesseur a été privé de sa possession soit par le vrai propriétaire, soit même par un tiers, pendant plus d'un an.

Quand la dépossession n'a pas duré plus d'un an, comme le possesseur pourrait se faire réintégrer par l'*action possessoire,* on ne peut pas dire que sa possession ait cessé.

Interruption civile. — Elle résulte d'*actes juridiques* qui ordinairement émanent de celui contre qui court la prescription, et qui ont le caractère d'actes affirmant son droit.

L'interruption civile est commune aux deux prescriptions.

Actes interruptifs :

    1° Commandement,

    2° Saisie,

    3° Citation en justice,

    4° Citation en conciliation,

    5° Reconnaissance du débiteur ou du possesseur.

Les trois premiers actes sont des protestations très-énergiques qui ne permettent pas de croire que le droit est abandonné par celui à qui il appartient.

La citation en conciliation, étant le préliminaire de la citation en justice, doit produire l'effet interruptif, sinon le créancier ou le propriétaire se verrait dans l'impossibilité d'interrompre la prescription quand il se trouverait à la veille de l'expiration du délai.

La reconnaissance de l'existence du droit d'autrui par celui qui prescrit, explique pourquoi l'adversaire n'a pas procédé par voie de commandement ou de citation en justice, et, par conséquent, elle équivaut aux actes interruptifs que peut signifier celui contre qui court la prescription.

Observations. —Le commandement, la saisie et la citation n'interrompent pas la prescription quand ils sont nuls (*quod nullum est nullos producit effectus*).

La citation n'a pas d'effet quand l'instance est anéantie par la *péremption,*

Ou par le *désistement,*

Ou quand la *demande est rejetée.*

Mais la citation interrompt la prescription alors même qu'elle est faite devant un tribunal incompétent.

Les questions de compétence présentant souvent de sérieuses difficultés, la loi n'a pas voulu qu'une erreur de droit commise sur un tel point causât à la partie un préjudice aussi notable que l'annulation d'un acte interruptif de prescription.

Suspension de la prescription,
Art. 2251-2259.

Suspension de la prescription. — Obstacle temporaire au cours de la prescription; le temps qui s'écoule tant que dure cet obstacle ne compte pas, mais à partir de la cessation de l'obstacle le temps compte et peut se joindre au temps qui s'était écoulé avant la suspension.

Exemple : Une prescription qui doit durer trente ans court depuis vingt ans; survient une cause de suspension qui dure huit ans; lorsqu'elle cesse, la prescription reprend son cours, et elle sera complétée par douze années.

Les cas de suspension sont des cas exceptionnels, car les suspensions en prolongeant les prescriptions multiplient les propriétés incertaines et les procès sur des droits trop anciens.

I. La prescription est suspendue en faveur des *mineurs et des interdits,* qui ne doivent pas perdre leurs droits par la négligence de leur tuteur.

II. *La prescription ne court pas entre époux.*

C'est-à-dire que le mari ne peut pas prescrire contre sa femme, mais aussi que la femme ne peut pas prescrire contre son mari.

Le bénéfice de la suspension n'est pas accordé seulement aux femmes mariées, mais aussi aux hommes mariés.

La loi suppose l'un des époux créanciers de l'autre ou propriétaire d'un bien possédé par l'autre; tant que le mariage dure, l'époux débiteur ne peut pas se libérer par la prescription, et l'époux possesseur ne peut pas acquérir le bien par la prescription.

Motifs de la règle. — Si la prescription pouvait courir au profit d'un époux contre l'autre, il faudrait que celui-ci l'interrompît par des actes comme le commandement, la saisie ou la citation, qui créeraient entre eux des germes de mésintelligence.

III. *Suspensions exceptionnelles en faveur de la femme mariée*. 1° Quand elle est mariée sous le *régime dotal,* comme ses immeubles dotaux sont inaliénables, ils sont en même temps *imprescriptibles,* parce que la prescription fournirait un moyen d'aliénation.

Par conséquent un possesseur de l'immeuble dotal ne peut pas acquérir cet immeuble par prescription.

Et un acquéreur qui aurait acheté l'immeuble vendu par la femme, même avec l'autorisation de son mari, ne pourrait pas prescrire l'extinction de l'action en nullité de cette vente.

2° Quand la femme est mariée *sous le régime de la communauté,* elle peut avoir des droits subordonnés à son acceptation ou à sa répudiation de la communauté.

Exemple : Le droit d'attaquer une donation d'immeuble commun faite par le mari. (Art. 1422.)

Comme son option entre l'acceptation ou la répudiation ne peut être faite qu'après la dissolution de la communauté, son droit ne peut pas être prescrit tant que dure cette communauté.

3° Sous quelque régime que la femme soit mariée, si l'exercice du droit qu'elle peut avoir contre un tiers doit *réfléchir* contre le mari (donne naissance à une action contre lui), la prescription est suspendue par les motifs qui ont inspiré la règle qui suspend la prescription entre époux.

Exemple : Le mari vend un bien de sa femme sans le consentement de celle-ci. L'acquéreur n'en devient pas propriétaire, et la femme peut revendiquer son bien contre lui. Mais cet acheteur demanderait alors une indemnité au mari, et, par conséquent, en agissant contre cet acheteur la femme agit indirectement contre son mari.

TEMPS REQUIS POUR PRESCRIRE.

Prescription de trente ans.
Art. 2262-2264.

La prescription de droit commun a lieu par trente ans. Les exceptions doivent être écrites dans la loi.

Cette prescription s'applique à *tous les droits;* le Code dit à *toutes les actions,* confondant, comme il le fait souvent, le droit avec l'action qui le sanctionne.

La propriété, comme la créance, est soumise à la prescription trentenaire, c'est-à-dire les actions réelles comme les actions personnelles.

Seulement, quand il s'agit de la propriété, il faut sous-entendre ce qui a été réglé par la loi sur les conditions de la prescription acquisitive. Il faut pour que le propriétaire perde son droit qu'un autre l'ait acquise *par une possession continuée pendant le temps fixé.* L'article 2262 ne règle que la durée de la prescription. Il n'établit pas que la propriété se perd par le non-usage.

L'usufruit et les servitudes se perdent au contraire par le non-usage, en vertu d'articles formels du Code. (Art. 617 et 706.)

L'article 2262 doit avoir également sous-entendu que certains droits sont imprescriptibles. (V. art. 328 et 815.)

Prescription par dix ou vingt ans.
Art. 2265-2269.

La prescription par dix ou vingt ans est une prescription acquisitive, l'ancienne *usucapion* de Justinien.

Elle est plus rapide que la prescription ordinaire, parce qu'elle tend à consolider une acquisition imparfaite au profit d'un possesseur de bonne foi.

Prescription par dix ou vingt ans. — Elle a lieu au profit de celui qui a reçu un immeuble *a non domino* (d'un autre que le vrai propriétaire) à *juste titre* et de *bonne foi*.

Juste titre. — Fait juridique de nature à transférer la propriété.

Exemples : Vente, échange, donation, legs.

La propriété n'a pas été *acquise* parce que l'aliénateur n'était pas propriétaire.

Le titre n'est pas nécessairement constaté par écrit, excepté quand c'est une donation ou un legs qui sont nuls en la forme, faute d'écrits rédigés conformément aux règles du Code civil.

Bonne foi. — Croyance du possesseur que celui de qui il tient la chose était propriétaire.

Durée de la prescription. — Elle s'accomplit par dix ou vingt ans de possession suivant les cas.

Dix ans quand le propriétaire *habite* dans le ressort de la Cour d'appel où est situé l'immeuble.

Vingt ans dans le cas contraire.

La prescription s'accomplit plus vite quand le propriétaire habite dans le voisinage de son immeuble, parce qu'il peut le surveiller plus facilement et connaître plus aisément les usurpations contre lesquelles il y a lieu de protester par des actes interruptifs de prescription.

Cette raison montre qu'il faut s'attacher à l'habitation, c'est-à-dire à la *résidence* du propriétaire, et non pas à son *domicile*.

Observation.— Le propriétaire peut avoir habité un certain temps dans le ressort de la Cour d'appel où est situé l'immeuble, un certain temps hors de ce ressort. On cherche alors si le possesseur a possédé pendant dix ans, mais en comptant comme demi-année toute année de possession pendant laquelle le propriétaire aura résidé hors du ressort.

Exemple : Le propriétaire a résidé quatre ans seulement dans le ressort, il faudra que la possession ait duré, en outre, douze ans pendant que ce possesseur habitait hors du ressort, parce que quatre années et douze demi-années valent dix années.

Effets de la prescription par dix ou vingt ans. — Elle donne la propriété *libre* dégrevée des droits qui la grevaient entre les mains du vrai propriétaire.

Exemple : L'immeuble grevé d'usufruit, de servitude, d'hypothèque, est acquis franc et quitte de ces charges.

Le possesseur ayant possédé la propriété libre a acquis la liberté du fonds, c'est-à-dire ce qui manquait à la propriété pour être complète. (V. art. 2180 sur l'extinction de l'hypothèque par prescription.)

APPENDICE

Sur la possession des meubles.
Art. 2279-2280.

En fait de meubles, la possession

vaut titre. — C'est-à-dire que la possession d'un meuble donne au possesseur la propriété de ce meuble.

Le titre, en effet, est *un fait* translatif de propriété ; la possession égale le titre, donc elle confère la propriété.

Cet effet de la possession lui est attribuée, quelle que soit la personne de qui le possesseur tienne la possession, alors même que cette personne n'était pas propriétaire.

La règle, sous ce rapport, se rapproche donc des règles sur la prescription acquisitive ; mais elle n'établit pas une véritable prescription, car la possession n'est soumise à aucune condition de durée.

Nécessité de la bonne foi chez le possesseur. — La condition de *bonne foi* est sous-entendue dans l'article 2279 ; la disposition de cet article étant destinée à remplacer l'ancienne usucapion des meubles, qui supposait la bonne foi. De plus, l'article 1141, qui contient une application de la règle : « En fait de meubles, la possession vaut titre », exige expressément la *bonne foi*. (V. ci-dessus.)

Il ne faut pas, d'ailleurs, qu'un emprunteur, un locataire ou un dépositaire puisse légalement garder l'objet prêté, loué ou déposé.

Motifs de la règle de l'art. 2279. —
1° Les meubles se transmettent le plus souvent sans écrit ni formalité, et il est presque impossible qu'un vendeur montre à l'acheteur des titres de propriété ; la circulation des meubles serait donc entravée si l'acheteur pouvait être inquiété.

2° Quand un meuble, qui n'a été ni perdu ni volé, est possédé par un autre que son vrai propriétaire, c'est que celui-ci l'avait confié à quelqu'un qui l'a livré au possesseur.

Exemple : Un meuble déposé est vendu par le dépositaire.

Il y a là un abus de confiance, et partant une imprudence du vrai propriétaire, qui avait mal placé sa confiance.

Le possesseur, que nous supposons de bonne foi, n'a pas de faute à se reprocher, car il a été trompé par l'apparente propriété du dépositaire.

La perte doit retomber sur celle des deux parties qui a commis une imprudence.

Exceptions à la règle. — L'article 2279, premier alinéa, ne s'applique pas aux meubles *volés* ou *perdus*.

Dans ces deux cas, le propriétaire n'a pas à se reprocher d'avoir mal placé sa confiance.

Il peut *revendiquer* le meuble pendant *trois ans,*

à partir de la perte ou du vol, contre un possesseur quelconque, même de bonne foi.

Observation. — Ce délai de trois ans n'est pas un
délai de prescription acquisitive, car l'article n'exige
pas que le possesseur ait possédé pendant trois ans
pour que le propriétaire perde son action.

*Condition de la revendication des choses volées
ou perdues.* — Quand le possesseur a acheté la chose
chez un marchand, dans une foire ou un marché,
ou dans une vente publique, il n'a aucune imprudence à se reprocher, et il ne faut pas que la revendication du propriétaire lui inflige une perte.

Le propriétaire revendiquant devra donc rendre
le possesseur indemne, en lui remboursant le prix
que la chose lui a coûté.

Prescription par trente ans. — En dehors de la prescription de trois ans, il existe encore
en matière de meubles la prescription de trente ans,
en vertu de l'article 2262, pour tous ceux qui ne
peuvent pas invoquer l'article 2279, c'est-à-dire
pour les personnes de mauvaise foi.

**Meubles auxquels ne s'applique pas
l'article 2279.** — Les *meubles incorporels* ne
sont pas susceptibles de possession proprement
dite; de plus, leur transmission suppose ordinaire-

ment des actes écrits, et l'accomplissement de certaines formalités (art. 1690); d'où il résulte qu'ils ne sont pas soumis à la règle : « En fait de meubles, la possession vaut titre. »

Sauf, toutefois, les droits constatés par des *titres au porteur,* parce que le droit passe de personne en personne avec la possession du *titre écrit.*

Mais une loi du 15 juin 1872 a, sur un grand nombre de points, abandonné les règles de l'article 2279 en ce qui concerne les titres au porteur dont le propriétaire *a été dépossédé par quelque événement que ce soit.*

Moyennant l'accomplissement de certaines formalités de publicité, le propriétaire dépossédé peut revendiquer, même contre une personne de bonne foi, les titres qui ont été l'objet d'un abus de confiance, et, quant aux titres volés ou perdus, sa revendication n'est pas soumise aux tempéraments admis par l'article 2280.

FIN

TABLE DES MATIÈRES

INTRODUCTION

CODE CIVIL

TITRE PRÉLIMINAIRE

LIVRE PREMIER

DES PERSONNES

TEXTES
SE RATTACHANT A LA THÉORIE DE L'ÉTAT ET DE LA CAPACITÉ DES PERSONNES

ÉTAT DES PERSONNES

MARIAGE

TITRE SIXIÈME
DIVORCE

PATERNITÉ ET FILIATION

ADOPTION

PUISSANCE PATERNELLE

CAPACITÉ DES PERSONNES

MAJEURS INCAPABLES

LIVRE DEUXIÈME

DES BIENS

Et des différentes modifications de la propriété.

TITRE PREMIER

DISTINCTION DES BIENS

TITRE DEUXIÈME

PROPRIÉTÉ

TITRE TROISIÈME

USUFRUIT

TITRE QUATRIÈME

SERVITUDES

LIVRE TROISIÈME

MANIÈRES D'ACQUÉRIR LA PROPRIÉTÉ ET SES DÉMEMBREMENTS

DISPOSITIONS GÉNÉRALES

TITRE VINGTIÈME

PRESCRIPTION ACQUISITIVE

FIN DE LA TABLE.

PARIS

TYPOGRAPHIE DE E. PLON, NOURRIT ET Cie

Rue Garancière, 8.